Hoe uw kinderboek te promoten.

HOE UW KINDERBOEK TE PROMOTEN

Serie "Hoe promoten"
Door: D.K. Hawkins
Versie 1.1 ~november 2022
Gepubliceerd door D.K. Hawkins bij KDP
Copyright ©2022 door D.K. Hawkins. Alle rechten voorbehouden.

Niets uit deze uitgave mag worden verveelvoudigd, verspreid of overgedragen in enige vorm of op enige wijze, waaronder fotokopieën, opnamen of andere elektronische of mechanische methoden of via enig informatieopslag- of gegevenszoeksysteem, zonder voorafgaande schriftelijke toestemming van de uitgevers, behalve in het geval van zeer korte citaten in kritische recensies en bepaald ander niet-commercieel gebruik dat door de auteurswet is toegestaan.

Alle rechten voorbehouden, inclusief het recht op gehele of gedeeltelijke reproductie in welke vorm dan ook.

Alle informatie in dit boek is zorgvuldig onderzocht en gecontroleerd op feitelijke juistheid. De auteur en uitgever geven echter geen garantie, expliciet of impliciet, dat de informatie in dit boek geschikt is voor elk individu, situatie of doel en aanvaarden geen verantwoordelijkheid voor fouten of weglatingen.

De lezer aanvaardt het risico en de volledige verantwoordelijkheid voor alle handelingen. De auteur is niet verantwoordelijk voor enig verlies of schade, hetzij gevolgschade, incidenteel, speciaal of anderszins, die kan voortvloeien uit de informatie in dit boek.

Alle afbeeldingen zijn vrij te gebruiken of gekocht van stockfotosites of vrij van royalty's voor commercieel gebruik. Ik heb me voor dit boek gebaseerd op mijn eigen waarnemingen en op vele verschillende bronnen, en ik heb mijn best gedaan om de feiten te controleren en de eer te geven waar die toekomt. In het geval dat materiaal is gebruikt zonder de juiste toestemming, neem dan contact met mij op zodat de vergissing kan worden gecorrigeerd..

De informatie in dit boek dient uitsluitend ter informatie en is niet bedoeld als bron van advies of kredietanalyse met betrekking tot het gepresenteerde materiaal. De informatie en/of documenten in dit boek vormen geen juridisch of financieel advies en mogen nooit worden gebruikt zonder eerst een financiële professional te raadplegen om te bepalen wat het beste is voor uw individuele behoeften.

De uitgever en de auteur geven geen enkele garantie of andere belofte met betrekking tot de resultaten die kunnen worden verkregen door het gebruik van de inhoud van dit boek. U mag nooit een investeringsbeslissing nemen zonder eerst uw eigen financieel adviseur te raadplegen en uw eigen onderzoek en due diligence uit te voeren. Voor zover wettelijk toegestaan wijzen de uitgever en de auteur alle aansprakelijkheid af in het geval dat informatie, commentaar, analyse, meningen, adviezen en/of aanbevelingen in dit boek onnauwkeurig, onvolledig of onbetrouwbaar blijken te zijn of resulteren in beleggings- of andere verliezen.

De inhoud van dit boek is niet bedoeld als en vormt geen juridisch advies of beleggingsadvies, en er wordt geen advocaat-cliënt relatie gevormd. De uitgever en de auteur verstrekken dit boek en de inhoud ervan op een "as is" basis. Uw gebruik van de informatie in dit boek is op eigen risico.

INHOUDSOPGAVE.

Hoe uw kinderboek te promoten. 0

INHOUDSOPGAVE. 3

INLEIDING. 5

HOOFDSTUK 1: HET SCHRIJVEN VAN KINDERBOEKEN. 9

HOOFDSTUK 2: UITSTEKENDE PROMOTIEMETHODEN NA HET SCHRIJVEN VAN JE EERSTE BOEK VOOR JONGE KINDEREN. 17

HOOFDSTUK 3: DE ZICHTBAARHEID VAN KINDERBOEKEN VERGROTEN DOOR OPTREDENS VAN AUTEURS. 22

HOOFDSTUK 4: BOEKBESPREKINGEN ALS UW MEEST EFFECTIEVE PROMOTIEMIDDEL. 27

HOOFDSTUK 5: AFBEELDINGEN VAN JE BOEK GEBRUIKEN VOOR PROMOTIE. 33

HOOFDSTUK 6: HOE JE JE KINDERBOEK KUNT PROMOTEN DOOR MIDDEL VAN SPREEKBEURTEN. 41

HOOFDSTUK 7: HOE JE EEN AUTEURSPLATFORM OPBOUWT OM DE PROMOTIE VAN KINDERBOEKEN TE VERBETEREN. 46

HOOFDSTUK 8: WAAROM SOMMIGE AUTEURS NOOIT SLAGEN ALS KINDERAUTEURS. 54

HOOFDSTUK 9: INZENDINGEN TOT CONTRACT TOT BOEKMARKETING TOT SCHRIJVERSVAK. 60

HOOFDSTUK 10: ONLINE BOEK MARKETING. 67

HOOFDSTUK 11; ZORGEN VOOR EEN OPMERKELIJKE BOEKOMSLAG. 73

HOOFDSTUK 12: SUGGESTIES OM UITGEVERS VAN KINDERBOEKEN TE VINDEN. 77

HOOFDSTUK 13: SCHRIJVEN VOOR KINDEREN EN OUDERS OVERHALEN. 81

HOOFDSTUK 14: DE ZICHTBAARHEID VAN JE ZELFGEPUBLICEERDE KINDERBOEK VERGROTEN. 85

HOOFDSTUK 15: VAN JE KINDERBOEK EEN BESTSELLER MAKEN. 89

HOOFDSTUK 16: OP MAAT GEMAAKTE BOBBLE HEADS GEBRUIKEN VOOR PROMOTIE. 94

HOOFDSTUK 17: OVERWEGINGEN DIE U MOET MAKEN VOORDAT U EEN KINDER-EBOOK PUBLICEERT. 99

HOOFDSTUK 18: TIPS VOOR BOEKMARKETING WAARMEE JE MEER EXEMPLAREN KUNT VERKOPEN. 103

HOOFDSTUK 19: TE VERMIJDEN BOEKPROMOTIEFOUTEN. 107

HOOFDSTUK 20: JE BOEK PROMOTEN IN JE BUURT. 114

CONCLUSIE 118

INLEIDING.

Voor veel schrijvers en schrijfsters is het schrijven en publiceren van een kinderboek een levenslange ambitie. Helaas weten of begrijpen de meeste uitstekende schrijvers niet welke maatregelen ze moeten nemen om het proces van bekendheid en publicatie te beginnen, waardoor het voor hen moeilijk wordt om hun droom te verwezenlijken.

Heb je een agentschap, een illustrator, een assistent, een consultant of boekenmarketingdiensten nodig?

Weet je naar welke kinderuitgeverijen je je werk eerst moet sturen voor de grootste winst en het beste acceptatiepercentage?

Heb je bepaald welk type kinderboek je wilt gaan schrijven?

De Kinderboeken uitgeverij industrie kan moeilijk te navigeren zijn voor de onwetende, maar is eenvoudig voor degenen met kennis van zaken. Schrijven en je werk op de markt brengen is een fluitje van een cent voor wie ervaring heeft.

Je kunt het volgende best verkopende kinderboek hebben, maar als je niet weet hoe je het op de markt moet brengen, blijf je tegen muren aanlopen, zoals de meeste kinderboekenschrijvers die tragisch genoeg niet verder komen dan de eerste fase van het uitgeefproces.

Het zal moeilijk zijn om een betrouwbaar persoon te vinden die uitlegt hoe de hele industrie werkt. Adviseurs kunnen duur zijn en doorgewinterd, en bekende kinderboekenuitgevers geven zelden hun handelsgeheimen prijs aan andere kinderboekenuitgevers. Immers, waarom zouden zij zichzelf in een situatie brengen waarin zij de bekendheid en de inkomsten van hun boek zouden kunnen verliezen?

Ja, er zijn honderden publicaties over het schrijven, promoten en uitgeven van een kinderboek, maar de meeste maken het uitgeefproces niet eenvoudig te begrijpen. Als je de meeste cursussen voor het uitgeven van kinderboeken volgt, zul je ontdekken dat ze inefficiënt zijn en je veel tijd kunnen kosten.

Een formule voor automatische piloot die geen enkele andere handleiding voor het uitgeven van kinderboeken kan evenaren. Geen enkele auteur wil honderden pagina's met strategieën en concepten voor het uitgeven van kinderboeken doorkammen. Om succesvol te zijn in de kinderboekenindustrie, moet je ter zake komen en de zaken aanpakken.

Onderwijs is essentieel, of je nu een kinderboek wilt schrijven, verkopen, adverteren of uitgeven, of het nu een prentenboek of een standaardboek is. Honderdduizenden schrijvers blijven elk jaar onopgemerkt, en veel onbetaalbare Kinderboeken worden op de plank gezet of nooit verkocht aan een uitgeverij bij gebrek aan zakelijke kennis. Kom niet in deze positie!

Je moet leren hoe je je op je leeftijdsgroep richt, ideeën voor verhalen genereert, je personages ontwikkelt, een verhaallijn ontwerpt, je personages introduceert met beschrijvingen van hun fysieke en persoonlijke kenmerken, een probleem of conflict creëert en de weg vrijmaakt voor de climax.

Karakterontwikkeling, verhaallijnen, conflict en oplossing, en marketing- en publicatievaardigheden zijn nodig om een succesvolle kinderboekenschrijver te worden. Deze GUIDE verkent effectieve strategieën om kinderboeken te promoten en succesvolle auteurs te worden.

Laten we beginnen.

HOOFDSTUK 1: HET SCHRIJVEN VAN KINDERBOEKEN.

Als volwassenen herinneren we ons allemaal de boeken die we als kind gretig lazen. Ik herinner me de vreugde die ik elke vrijdag voelde als ik van school naar huis snelde, wetende dat mijn oma de volgende roman van Roald Dahl op me zou hebben liggen. The Twits en The BFG zijn verhalen die ik nooit zal vergeten. En ik weet zeker dat veel andere kinderen uit 1980 dat ook zullen doen.

In het licht hiervan stoort het mij wanneer mensen suggereren dat het maken van een kinderboek een eenvoudig alternatief of een opstapje is voor het schrijven van een roman voor volwassenen. Bij het maken van een kinderboek is veel aandacht nodig, vooral als je bedenkt hoe gevoelig jongeren zijn voor invloeden van buitenaf.

Het is belangrijk om te begrijpen welke invloed het schrijven en de thema's van het boek op het kind hebben. Het schrijven van een roman voor kinderen is beperkter dan het schrijven voor volwassenen.

Het onderwerp, de terminologie en de lengte moeten zorgvuldig worden overwogen. Een kind is beïnvloedbaar en zal de perspectieven en ideeën in boeken onderzoeken, die steevast hun eigen leven zullen beïnvloeden. De taal en woordenschat van het kind zijn van invloed op zijn of haar intelligentie en scholing. Dit moet dus ook goed beoordeeld worden.

Daarom is het schrijven van een kinderboek uiterst moeilijk en vergt het tijdrovend onderzoek. Als het onderwerp, de woordenschat en de lengte in overeenstemming zijn met de ouderlijke en educatieve richtlijnen, is het tijd om het beoogde publiek, het kind, aan te spreken.

In bepaalde omstandigheden kan een jongere de ergste criticus van een volwassene zijn. Met hun naïviteit zullen ze zeker oprechtheid en oprechte gevoelens in de meest pure vorm tonen bij het lezen van je werk. Ze hebben nog niet het vermogen geleerd om opbouwende kritiek beleefd over te brengen; in plaats daarvan spreken ze uit het hart zoals het hun goeddunkt.

Het betreden van het terrein van het schrijven voor kinderen is vaak een belachelijk en opdringerig streven. Daarom moet je eerst en vooral onderzoek doen. Je boek zal worden geëvalueerd door de volwassenen die de ontwikkeling van kinderen via literatuur onderzoeken, waaronder ouders, leraren, de overheid en uitgevers. Individuele lezers zullen je roman beoordelen.

Pas dan kun je je creatieve schrijftalent loslaten. De wereld van het kinderboeken schrijven is misschien moeilijk, maar het zal een bevredigend vak zijn wanneer je het bereikt, en kinderen over de hele wereld zullen je ongelooflijk inventieve boek lezen en ervan houden.

Het schrijven van een kinderboek vereist een levendige fantasie, inventiviteit met woorden en ijver. Het meest essentiële element is het vermogen om door de ogen van een jongere te kijken. Daarom moet je vooraf een studie maken.

Voor het maken van onderhoudend materiaal voor een jongere is een nieuwe en nieuwsgierige kijk op de wereld nodig. Wil een kind volledig betrokken, enthousiast en geïnteresseerd zijn in uw boek, dan moet het voor hem of haar herkenbaar zijn.

Waarin zijn de kinderen van vandaag geïnteresseerd?

Wat vinden ze leuk en niet leuk?

Welke woorden gebruiken ze om met elkaar te communiceren?

Welke boeken lezen ze?

Met welk speelgoed spelen ze?

Van welke liedjes houden ze?

Welke kleren dragen ze?

Welke tijdschriften kopen ze?

Waar zijn ze bang voor? En wat windt hen op?

Op basis hiervan kunt u bepalen welk type schrijven uw doelgroep effectief zal bereiken en uw boek beroemd zal maken.

Na uitputtend onderzoek en onderzoek naar de voorkeuren van kinderen, kun je overgaan tot de plot. Voor dit gedeelte moet je je talent, energie en vindingrijkheid inzetten.

Dit is de meest cruciale overweging. Je moet bepalen wat voor soort boek je wilt schrijven, welke onderwerpen je wilt onderzoeken, welke boodschappen je wilt overbrengen en wat het gewenste resultaat is. Veel auteurs geven er de voorkeur aan hun boeken te ontwikkelen via participatieve workshops, en als het een zakelijk concept is, kunnen er goederen en vervolgen volgen.

Dit zal dus allemaal moeten worden bepaald tijdens het creëren van het verhaal. Zorg ervoor dat je beslissing strookt met het onderzoek dat je hebt gedaan. Neem zelfs verwijzingen op naar romans waar je als kind van genoot en naar actuele literatuur. Tijdens het schrijven van je verhaal is het cruciaal om te onthouden dat kinderen een kortere aandachtsspanne en minder concentratie hebben dan volwassenen.

Als schrijver is het essentieel om literatuur te handhaven als een actuele vorm van vermaak op gelijke voet met Xbox en PlayStation. Daarom moet een verhaal eenvoudig en ongecompliceerd zijn om hun aandacht onmiddellijk te trekken. Tenslotte moet het relevant, amusant en leuk zijn.

Het taalgebruik en de woordenschat in kinderliteratuur zijn ook essentieel voor de ontwikkeling van hun intelligentie en concentratievermogen. Het is goed om de woordenschat te vergroten door te lezen, maar als een jongere de woorden niet kan lezen, zal hij zijn interesse en concentratie verliezen. Het vermijden van ingewikkelde zinnen die een kleuter niet kan begrijpen is voordelig.

Volgens onderzoek hecht een jongere niet veel waarde aan meer dan een paar woorden per zin. Dit is een belangrijk advies voor een beginnende schrijver, omdat hij door eerdere schrijfervaring eenvoudig het risico loopt teksten te verfraaien en uit te werken.

Een boek moet inspireren tot constructieve intellectuele, persoonlijke en emotionele ontwikkeling; daarom mag het geen jargon, slecht taalgebruik of ongepaste onderwerpen bevatten. De tekst moet van de hoogste kwaliteit zijn en geschikt voor de leeftijdsgroep, en moet jonge lezers inspireren om hun taal te waarderen en meer te willen lezen.

De thema's die je in het verhaal opneemt zijn cruciaal en heel divers. Een boek kan kinderen effectief aanmoedigen om positieve affirmaties in hun eigen leven te omarmen en toe te passen. Zolang het verhaal een happy end heeft, zal het boek de kijk van een kind op het leven positief beïnvloeden. Te veel negatieve invloeden beïnvloeden hun leven naarmate ze ouder worden.

Een kind zal ervan houden dat de personages nog lang en gelukkig leven, wat hen aanmoedigt om hun uitdagingen met optimisme tegemoet te treden. Personages moeten positieve eigenschappen hebben, zoals moed, humor en eerlijkheid, die kinderen kunnen navolgen.

Literatuur is nuttig om positieve, gezonde kinderen te inspireren en hen te voorzien van ontsnapping en plezier. Dit, samen met de bovengenoemde elementen, is noodzakelijk voor het schrijven van een succesvol kinderboek. Zolang er een heldere, vrolijke en kleurrijke wereld wordt neergezet en de onderwerpen betekenisvol zijn voor een jongere, ben ik ervan overtuigd dat het gewaardeerd zal worden.

Ik moedig iedereen die dit leest en gelooft dat hij of zij een kinderboek kan schrijven enthousiast aan om het te doen. We hebben zoveel mogelijk invloedrijke kinderboekenschrijvers nodig die actief publiceren om deze vorm van inspiratie en ontwikkeling van kinderen levend te houden.

HOOFDSTUK 2: UITSTEKENDE PROMOTIEMETHODEN NA HET SCHRIJVEN VAN JE EERSTE BOEK VOOR JONGE KINDEREN.

Jonge kinderboeken zijn een genre dat e-publishing nooit helemaal zal verdringen. De Kindle zal nooit kunnen concurreren met het tactiele karakter van populaire kinderboeken.

De meeste boeken bevatten dikke, duurzame bladzijden, materiaal in of op de bladzijden en pop-out afbeeldingen; sommige zijn waterbestendig. Deze boeken zijn zeer kostbaar om te produceren, en de categorie is uiterst concurrerend, dus als u voor het eerst boeken voor zeer jonge kinderen schrijft, moet u altijd rekening houden met marketing.

Tactiele brochures gebruiken om uw boeken te promoten.

Een voorbeeld van je werk is het meest effectieve promotiemiddel voor een boek. Je moet vooral inventief zijn bij het maken van brochures met een klein uittreksel van je werk voor verspreiding onder uitgevers en lezers.

Als je effectief netwerkt, zullen interessante brochures helpen bij de promotie van je boek. Aangezien je verkoopt aan ouders van kleine kinderen, moet je brochure echt indrukwekkend zijn.

Experimenteer met het ontwerp van de brochure en vraag een lokale of online drukkerij of ze iets opvallends, zoals folie of een spiegelende coating, aan de pagina kunnen toevoegen. Als je een schrijfvoorbeeld kiest dat hierop betrekking heeft, zullen kinderen de brochure leuk vinden als hij wordt gepresenteerd.

Stickers zijn altijd popular bij kinderen.

Terwijl bladwijzers met een voorbeeld van uw schrijven goed zouden werken bij een boek voor volwassenen, heeft het promoten van een boek voor jonge kinderen iets meer creativiteit nodig. Een drukkerij kan u helpen bij het ontwerpen van boekenleggers met stickers of stickers die in boeken of pamfletten kunnen worden gestoken.

Stickers die uw boeken promoten zullen effectiever zijn als ze een opvallend ontwerp hebben met de titel van uw boek en levendige afbeeldingen. Ouders zullen romans waarin hun kinderen interesse hebben getoond eerder gunstig beoordelen.

Badges om op te vallen.

Wanneer je uitgeverijen bezoekt of ouders ontmoet op conventies of boekenbeurzen, is het laten maken van buttons een grote hulp. Mensen zullen worden verleid om uw brochure te verkennen door buttons waarop een personage uit uw roman staat afgebeeld. Het verstrekken van buttons aan jonge kinderen heeft een veiligheidsrisico. De meeste ouders zullen echter toestaan dat hun kinderen onder toezicht een button dragen.

Het verwijderen van de button voor het wassen van de kleding kan ouders aan uw brochure herinneren. Als kinderen zich de volgende dag de button herinneren, verhoogt dit uw kans op een verkoop.

U kunt de kosten verlagen door blanco buttons in bulk te kopen en een leverancier te zoeken die goedkope stickers voor u kan drukken. De stickers gebruiken om uw buttons te maken zal enige inspanning vergen.

Kleurrijke folders.

De meeste jonge kinderen kunnen de kans om te kleuren niet weerstaan. Daarom is het ontwikkelen van een flyer voor uw boek met een in te kleuren ruimte een van de meest effectieve en kosteneffectieve methoden om uw boek te promoten. Het doel is om de randen van de flyer dynamisch en pittig te maken, zodat het midden smeekt om ingekleurd te worden.

Uitgevers en lezers boeien.

Dit is de duurste optie, maar het zal je verbazen hoe goedkoop het kan zijn om grote hoeveelheden platte koelkastmagneten te laten bedrukken. Een personage uit je eerste kinderverhaal kan erop worden gedrukt. Mensen zijn minder huiverig om een magneet achter te laten; heel vaak worden ze een permanent kenmerk op iemands koelkast en het speelobject van de kinderen.

Net als bij het badge-idee kunnen blanco koelkastmagneten in bulk worden gekocht voor een fractie van de prijs van professioneel geproduceerde exemplaren. Je kunt je persoonlijke magneten ontwerpen door vellen stickers te bestellen. Deze zullen niet zo lang meegaan, maar ze volstaan voor promotie.

HOOFDSTUK 3: DE ZICHTBAARHEID VAN KINDERBOEKEN VERGROTEN DOOR OPTREDENS VAN AUTEURS.

De betrokkenheid van de auteur bij een publieke spreekbeurt is een beproefde techniek om het nieuws over hun boek te verspreiden. De romans van auteurs die spreken krijgen meer aandacht. Sommige auteurs hebben in hun eentje hun werk tot bestseller gekatapulteerd door voortdurend te reizen en in het hele land lezingen te geven.

Zelfs als een auteur vanwege andere verplichtingen niet vaak kan reizen en spreken, mag dit onderdeel van boekmarketing niet over het hoofd worden gezien. Zelfs een paar spreekbeurten helpen auteurs een toegewijd lezerspubliek op te bouwen en de boekverkoop te verbeteren.

Aan de slag.

Plaatselijke boekhandels en bibliotheken zijn uitstekende plekken voor auteurs om het onderwerp van hun werk te bespreken. Veel winkeliers (met name Borders en Barnes & Noble) houden korte auteursseminars voor hun klanten. Ook bibliotheken doen dit. Na deze evenementen kunnen auteurs die gebruik maken van deze mogelijkheden hun boekverkoop verhogen door de verkoop van gesigneerde exemplaren van hun werk.

Auteurs van non-fictie hebben meestal een natuurlijk sprekend onderwerp. Auteurs van fictie en kinderboeken kunnen echter spreekkansen creëren. Tijdens National Literacy Month, bijvoorbeeld, kunnen auteurs van kinderboeken als vrijwilliger hun werk voorlezen in een boekwinkel of bibliotheek (september).

Een auteur van jeugdliteratuur kan als vrijwilliger een korte cursus fictie schrijven geven aan tieners in een plaatselijke bibliotheek. Auteurs van mysteries kunnen profiteren van Barnes & Noble's Mystery Month in oktober. Dit zijn maar een paar van de vele kansen die auteurs kunnen ontwikkelen om spreekbeurten te organiseren om hun romans te promoten.

Hoewel het creëren van een carrière in het spreken tijd kost, kan spreken in het openbaar winstgevend zijn voor auteurs die het opnemen in hun boek marketing strategie. Aanvankelijk moeten auteurs meestal gratis spreken en elke spreekbeurt gebruiken om boeken te verkopen. Auteurs kunnen echter geld vragen voor hun diensten als ze eenmaal een bedrijf hebben opgebouwd.

Als een auteur geen ervaring heeft met spreken in het openbaar of bang is om voor een groep te spreken, kan hij of zij overwegen boeken over spreken in het openbaar te lezen of zich in te schrijven voor workshops over spreken in het openbaar.

Acquisitie van toespraken.

Spreekbeurten moeten actief worden nagestreefd en gecultiveerd. Alleen auteurs die het spreken in de loop der tijd hebben ontwikkeld, krijgen kansen. De meeste nieuwe sprekers zullen tijd moeten investeren in het verkrijgen van spreekopdrachten.

Veel evenementen hebben auteurs als hoofdsprekers. Auteurs kunnen een spreekbeurt nastreven door evenementen en groepen te identificeren die zich richten op het beoogde publiek van hun boek als potentiële spreekgelegenheden.

Bijvoorbeeld, een boek over veilige dating praktijken voor adolescenten kan leiden tot spreekopdrachten op middelbare scholen en gemeenschap en kerk jeugdorganisaties.

Zodra een evenement of groep is ontdekt als een geschikte sprekerslocatie, zal de auteur contact opnemen met de organisatoren van het evenement of de groep en een profiel, spreekbeurtonderwerp en samenvatting ter overweging voorleggen.

Hoeveel boeken kunnen worden verkocht door in het openbaar te spreken? Dat hangt af van de gelegenheid, de spreker en de luisteraar. Of het aantal verkochte boeken nu drie of driehonderd is, elke spreekbeurt is een kans op publiciteit. En publiciteit genereert toekomstige boekverkopen.

HOOFDSTUK 4: BOEKBESPREKINGEN ALS UW MEEST EFFECTIEVE PROMOTIEMIDDEL.

Boekrecensies zijn een effectieve methode om reclame te maken voor uw publicatie. De meeste lezers vertrouwen op betrouwbare recensies omdat professionele recensenten objectief zijn en door de meeste lezers worden gerespecteerd. Het vinden van goede recensenten is voor veel auteurs problematisch, vooral voor minder ervaren auteurs.

Nu er jaarlijks meer dan 500.000 nieuwe boeken worden gepubliceerd, is de vraag naar recensies enorm toegenomen. Tegenwoordig is het vrij moeilijk om een recensie te krijgen van een algemeen erkende recensent. Om u een idee te geven van de hele problematiek: Publishers Weekly, het belangrijkste tijdschrift in de sector, onderzoekt jaarlijks slechts 5.000 boeken.

Midwest Book Reviews beoordeelt ongeveer 490 boeken per maand en is een van de grootste recensentenorganisaties van het land. Toch is er geen reden om geïrriteerd te zijn. Er zijn vele mogelijkheden voor scherpzinnige auteurs om inzichtelijke recensies te schrijven.

Hoe kan ik een recensent vinden?

Er zijn veel geloofwaardige bronnen waartoe je je kunt wenden. Dan Poynter, een uitgeversexpert van het hoogste kaliber, biedt u de mogelijkheid om uw boek ter recensie op te nemen in zijn digitale nieuwsbrief getiteld "para publishing". Auteurs die graag hun naam in druk willen zien, bieden aan uw boek te recenseren.

Poynter verzoekt recensenten die zich op zijn website aanmelden zich te onthouden van onaangename commentaren. Hij verduidelijkt dat hij de recensent niet vraagt zijn of haar mening te veranderen. Hij smeekt u alleen niets te zeggen als u niet iets positiefs kunt bieden.

Amazon's Top 1000 Reviewers zijn de grootste verzameling van professionele recensenten. Elke recensie die door deze organisatie wordt onderschreven zal hoog worden aangeslagen en vertrouwd.

Voer "Amazon Top Reviewers" in uw zoekmachine in om een lijst van recensenten en hun rang te krijgen. Verwacht geen recensie van de top 50 of 100 websites. Ze zijn uitzonderlijk druk en selectief. Als je de tijd hebt, doe dan een poging. Het is denkbaar. Ik heb er persoonlijke ervaring mee.

Het is essentieel om meer dan deze recensenten te overwegen. Als je een non-fictie boek hebt geschreven, stuur dan een verzoek voor een recensie naar tijdschriften die hetzelfde onderwerp behandelen. Indien succesvol, zal het worden bekeken door lezers van het tijdschrift die al interesse hebben getoond in dit onderwerp en een grote kans hebben om te kopen.

Raadpleeg ook lokale kranten. Er zijn specifieke rubrieken voor zaken, senioren, voeding, reizen en onroerend goed in het grootste dagblad. Stuur uw verzoek om een recensie naar de redacteur van de betreffende rubriek.

Jammer genoeg hebben veel kranten hun boekbesprekingen afgeschaft, hoewel andere kranten nog steeds recensies publiceren op andere pagina's. Zorg ervoor dat je contact opneemt met de lokale weekbladen. Zij zijn belezen en voortdurend op zoek naar interessante verhalen over de prestaties van lokale personen.

Voer "Boekrecensenten" in op het Internet, maar screen uw reacties goed. Wees verdacht op gekochte recensies. Ze hebben niet hetzelfde gewicht als onbetaalde medewerkers. Er zijn echter enkele waardevolle betaalde recensies. ForeWord Magazine is begonnen met een betaalde regeling die respect afdwingt, zoals Normal Goldman's betaalde evaluaties van Bookpleasures.com.

Voorpublicatie-evaluaties.

Auteurs missen vaak een soort recensie die van cruciaal belang is. Voordat een boek wordt uitgebracht, doen alleen de zeven belangrijkste tijdschriften in onze sector recensies. Mensen in de sector bekijken deze recensies meestal. Een positieve recensie op een van deze tijdschriften zal bijdragen tot een aanzienlijke verkoop voordat uw boek wordt gepubliceerd.

De zeven belangrijkste recensenten voor publicatie zijn Editor's Weekly, New York Times, Library Journal, Kirkus Review en ForeWordMagazine.

Book Review and Booklist (American Library Association)

Als uw boek geschikt is voor kinderen of adolescenten, vermeld School Library Journal. Vier maanden voor publicatie moet u een proefdruk van uw boek in een omslag (of een kopie) aan de recensent leveren. Op de omslag moet staan

"Advanced Review Copy - Not Completely Edited." Zelfs als u een voltooid exemplaar van het boek heeft, moet u dat niet indienen. Deze recensent accepteert alleen gevorderde exemplaren (ARC's).

U kunt een digitale drukker die gespecialiseerd is in kleine oplagen inhuren en gebonden exemplaren laten maken. Deze moeten echter ook de ARC-vermelding op de omslag dragen. U zult onvermijdelijk meer exemplaren nodig hebben dan de exemplaren die u naar deze recensenten stuurt.

Misschien wilt u boekenclubs promoten, extra recensenten benaderen, een ARC meesturen met sponsorverzoeken en uw boek gebruiken voor andere promotiedoeleinden.

Zodra het boek is gepubliceerd, spreekt het voor zich dat u zoveel mogelijk recensies blijft vragen en ervoor zorgt dat een aanzienlijk aantal daarvan op Amazon.com, Barnes & Noble.com, Borders.com en Books-a-Million.com wordt geplaatst. Vergeet niet de vele internet boekhandels die aangesloten zijn bij Amazon.

HOOFDSTUK 5: AFBEELDINGEN VAN JE BOEK GEBRUIKEN VOOR PROMOTIE.

Gewoonlijk hebben boeken ten minste twee afbeeldingen: de omslag en de foto van de auteur. Andere publicaties kunnen veel zwart-wit- of kleurenfoto's, illustraties, kaarten of andere vormen van afbeeldingen bevatten.

Al deze foto's kunnen worden gebruikt om uw boek op de markt te brengen, zelfs als klanten online kopen en geen echt exemplaar kunnen bekijken voordat ze het kopen. Neem voordat uw boek wordt uitgebracht of zelfs maar wordt uitgegeven de tijd om te bedenken hoe u deze foto's in uw marketing kunt gebruiken en sla ze op in een formaat dat ze gemakkelijk toegankelijk maakt.

Zorgen dat je de juiste foto's hebt.

Als u andere afbeeldingen wilt gebruiken, maak dan duidelijk aan uw fotograaf of lay-out- en ontwerper dat u ze in jpeg-formaat wilt hebben, zodat ze online en in andere formaten kunnen worden gebruikt.

Sommige boekontwerpers geven de voorkeur aan tiff-foto's, die soms beter zijn voor de drukkwaliteit, terwijl jpeg-afbeeldingen meestal net zo goed zijn. Omdat het internet van jpegs houdt, zult u uw tiff-foto's niet online kunnen uploaden. Het wijzigen van fotoformaten is wellicht geen probleem als u vertrouwd bent met Photoshop of een ander programma waarmee u foto's kunt bijsnijden en wijzigen.

U kunt ook leren hoe u foto's kunt bewerken om in de toekomst over meer alternatieven te beschikken. Als je gebruiksklare foto's wilt, moet je je boeklay-out expert vertellen dat je wilt dat alle bijsnijdingen of wijzigingen die hij aanbrengt precies zo worden gedupliceerd als ze in je boek verschijnen. Zo heb je de beste beelden om te gebruiken bij je marketinginspanningen. Zelfs als uw boek alleen in zwart-wit wordt gedrukt, moet u deze foto's als jpegs en in kleur aanvragen.

In een boek zijn zwart-witfoto's aanvaardbaar, maar online wordt kleur verwacht. Bovendien moeten foto's voor boeken doorgaans een hoge kwaliteit hebben, zoals 300 dpi, terwijl online geplaatste afbeeldingen een lagere resolutie moeten hebben, zoals 72 dpi, omdat ze weinig tijd nodig hebben om op een webpagina te laden.

Meerdere marketingmethoden voor uw boekafbeeldingen.

Als u voor het eerst een website maakt, wilt u dat deze de omslag van uw boek of de inhoud van uw boek weerspiegelt. Gebruik thema's, kleuren, foto's en afbeeldingen die overeenkomen met de toon, het doel en de inhoud van je boek.

Gebruik deze foto's als voorproefje om lezers aan te moedigen het boek te kopen. Je wilt geen genoegen nemen met een website die in strijd is met je boekomslag of de afbeeldingen daarvan, of gebruik maken van kant-en-klare ontwerpen die niet het juiste beeld geven of, erger nog, die tegenstrijdig zijn. Overleg met de ontwerper van je website om de cover en andere foto's optimaal te benutten.

Net als je website moet ook je blog het concept en de inhoud van je boek en de identiteit van je auteur weergeven. Een paar foto's uit uw boek, zoals een auteursfoto of een pagina, kunnen op de blog worden geplaatst met behulp van de sjabloon van de site. Voeg vervolgens uw overige foto's aan uw blog toe, één of twee tegelijk.

Hier is een gebied waar u een groot aantal jpeg-foto's beschikbaar wilt hebben, zodat als u dagelijks of zelfs maar een paar keer per week een blog gaat schrijven, uw afbeeldingen allemaal direct beschikbaar zijn en al zijn bijgesneden en op maat gemaakt om u tijd te besparen.

Post fragmenten uit je boek en begeleid ze met passende boekfoto's. Wissel postings uit je boek af met posts over jezelf of dingen die je hebt gedaan, en blijf je foto's maken en publiceren.

Om effectief te bloggen met afbeeldingen moet je misschien leren hoe je een programma als Fireworks of Photoshop gebruikt, zodat je foto's van uitstekende kwaliteit zijn en bijgesneden of bewerkt worden voor een optimaal effect.

Omdat kijkers waarschijnlijk naar beneden zullen moeten scrollen om de hele blogpost te lezen, neem dan een afbeelding op bovenaan de post zodat die onmiddellijk de aandacht trekt in plaats van die verder op de pagina te begraven en je kijkers te plagen door een of twee van je mooiste foto's uit een HOOFDSTUK te plaatsen en hen te laten weten dat er nog meer afbeeldingen in het boek staan.

In het tijdperk van sociale netwerken vinden mensen het leuk om elkaars online fotoalbums te bekijken. Of het nu op Facebook, Instagram, TikTok of een andere site is waar je foto's of afbeeldingen aan een album kunt toevoegen, maak een fotoalbum voor je boek, of meerdere albums voor verschillende delen van je boek. Mensen zullen meer geïnteresseerd zijn in je boek als er foto's bij zitten. Voel je ook vrij om enkele van deze foto's als profiel te gebruiken.

Video's met boekvoorbeelden: Maak een preview video van uw boek. Reader Views is een professioneel boekpromotiebedrijf dat boekpresentatiefilmpjes maakt voor auteurs. U moet een dozijn of meer van de mooiste foto's van uw boek in jpeg formaat aanleveren om in de film te gebruiken.

Misschien wil je een voice-over script toevoegen of er een laten maken om je te helpen de gesproken woorden met de juiste foto's te matchen. Zelfs als je boek niet veel foto's bevat, is dit een reden om meer afbeeldingen te ontdekken die je zullen helpen het boek te promoten, mits je ervoor betaalt of rechtenvrije afbeeldingen gebruikt.

Ansichtkaarten en ander marketingmateriaal: Overweeg alle boekpromotiemogelijkheden buiten de hierboven genoemde. Als je een geschiedenis- of reisboek hebt geschreven, wil je misschien je foto's omzetten in een reeks postkaarten.

Als toeristen geneigd zijn uw boek te kopen, zullen ze ook uw ansichtkaarten kopen. Omdat ansichtkaarten doorgaans goedkoop zijn, kun je er wellicht een aanzienlijk aantal verkopen. Kies vijf of zes van uw beste foto's en maak een serie boekenleggers; voor kinderromans kunt u een boekenlegger maken voor elk van de karakters in het boek.

Wat dacht je van notitiekaarten, posters, kalenders, ruilkaarten voor kinderen, koffiemokken, draagtassen, legpuzzels en misschien een lijn T-shirts? Zelfs als u uw boek niet op al deze dingen vermeldt, kunt u extra geld genereren met uw foto's en deze producten naast uw boek op uw website verkopen.

De cadeauwinkel in de buurt is misschien niet geïnteresseerd in de verkoop van uw boeken, maar misschien wel in de verkoop van uw kalenders of T-shirts. Beperk jezelf niet. Promoot en verkoop je foto's, met of zonder boek.

Beelden zijn essentieel voor de marketing van een boek. Mensen kijken graag naar foto's, en ze zullen de aandacht van de lezer trekken wanneer eenvoudige tekst dat niet doet. Gebruik uw foto's om belangstelling te wekken en uw boek op alle mogelijke manieren aan de man te brengen. Wees fantasierijk zodat deze foto's je als auteur meer geld kunnen opleveren.

HOOFDSTUK 6: HOE JE JE KINDERBOEK KUNT PROMOTEN DOOR MIDDEL VAN SPREEKBEURTEN.

Traditioneel begonnen auteurs die een nieuw boek uitbrachten aan een "boektournee" van signeersessies, presentaties, toespraken en mediainterviews door het hele land. Hoewel veel van deze activiteiten de afgelopen tien jaar online zijn gegaan, zijn spreekbeurten een effectieve methode om boeken te verkopen en een publiek op te bouwen.

Er is geen reden waarom Kindle-schrijvers niet van deze voordelen kunnen profiteren, zelfs als ze geen fysieke exemplaren hebben om achter in de zaal te verkopen of op het podium te houden.

Lokaliseer uw Kindle-spreekbeurt. Elke gemeente of groep heeft een kamer van koophandel en zoekt voortdurend ontbijt- of lunchsprekers. In veel regio's zijn er ook onafhankelijke lokale netwerkorganisaties.

Als u niet bekend bent met de netwerkomgeving in uw gemeenschap, spreek dan met een plaatselijke bankier, makelaar, of eigenaar van een plaatselijk dienstverlenend bedrijf of informeer bij het dichtstbijzijnde Small Business Development Center of het plaatselijke ontwikkelingskantoor.

Het onderwerp van uw boek kan gespecialiseerde groepen aanspreken, zoals tuinclubs, politieke organisaties en kerken. Bestudeer de evenementenkalenders in uw plaatselijke krant of online om te zien welke organisaties regelmatig openbare evenementen met sprekers organiseren.

Maak een lijst van organisaties die u graag als spreker willen hebben. Bel of mail de organisatie en vraag naar de naam en contactgegevens van de spreekstalmeester.

Neem vervolgens telefonisch of per e-mail contact op met die persoon en bied uw diensten als spreker aan. Voeg een korte biografie toe, een beschrijving van uw Kindle-ebook en een samenvatting van het onderwerp dat u wilt bespreken en waarom het de leden van de groep zou interesseren. De volgende stap is meestal het vaststellen van een datum voor je discussie.

Bovendien hebben de meeste openbare bibliotheken een vergaderruimte waar ze spreekbeurten toestaan of verwelkomen. Bezoek de bibliotheek in uw gemeente en vraag wie de bijeenkomsten organiseert. Maak een introductie en bied aan om te spreken. Dit heeft voor mij altijd gewerkt, waar ik ook woonde.

Je kunt ook contact opnemen met lokale bedrijven met vergaderzalen of zij een kleine spreekbeurt voor hun klanten willen organiseren. Beschrijf hoe dit hen promoot als behulpzaam in het perspectief van hun klanten. Je onderwerp moet niet direct verband houden met het werk van deze professionals, wil deze strategie effectief zijn.

Bijvoorbeeld, als je boekje ouders leert hoe ze hun kinderen kunnen helpen betere studievaardigheden te ontwikkelen, zou een advocaat, accountant of therapeut hun cliënten met kinderen van dienst zijn door jouw toespraak over dit onderwerp in hun kantoor te houden.

Niet-lokale activiteiten vergen veel meer planning, omdat ze moeten worden gepland rond uw beschikbaarheid om naar een bepaalde locatie te reizen.

Sommige auteurs van ebooks hebben het moeilijk omdat ze niets tastbaars te verkopen hebben tijdens hun spreekbeurten. Hoe spoor je de aanwezigen dan aan tot aankoop? Simpel! Maak flyers met een zogenaamde QR-code (als je "gratis QR-code generator" googelt, kun je websites vinden waar je er een voor je ebook kunt genereren).

Degenen in het publiek die een smartphone hebben, kunnen de QR-code scannen om toegang te krijgen tot de verkooppagina van het ebook. Neem een conventionele URL voor uw verkooppagina op de flyer voor mensen zonder smartphone. Zij zullen de flyer mee naar huis nemen en je ebook kopen op hun computer thuis.

Stuur een persbericht naar lokale kranten wanneer u de bovenstaande acties uit te voeren als het evenement is toegankelijk voor het publiek. Vaak is een spreekbeurt een excuus voor een lang artikel over het boek of bedrijf in kwestie. Dit kan verkoop genereren van personen die niet aanwezig waren op uw presentatie.

HOOFDSTUK 7: HOE JE EEN AUTEURSPLATFORM OPBOUWT OM DE PROMOTIE VAN KINDERBOEKEN TE VERBETEREN.

Als kinderboekenschrijver ben je de term auteursplatform waarschijnlijk al vaak tegengekomen, maar je vraagt je misschien af: wat is een platform en hoe krijg ik er een?

Je auteursplatform bepaalt je marktbereik en is van vitaal belang voor je boekmarketinginspanningen. Als je een boekdeal wilt sluiten met een typische commerciële uitgever, moet je een solide auteursplatform hebben. Bij het beoordelen van boekvoorstellen willen uitgevers weten hoe bekend je bent en hoe effectief je zult zijn in het adverteren van je boek na publicatie.

Voordat je een boek of boekvoorstel schrijft is het ideale moment om te beginnen met het opbouwen van je auteursplatform, want dat heeft tijd nodig. Je kunt echter doorgaan met het opbouwen van je auteursplatform, ongeacht waar je je bevindt in het uitgeefproces.

Er zijn veel definities van een auteursplatform, maar ze komen allemaal neer op drie elementen:

- Branding.

- Reputatie.

- Netwerken.

Branding.

Branding onderscheidt u in een overvolle markt en maakt u memorabel. Uw auteurs-tagline is een van de belangrijkste aspecten van uw merk; het is een beknopte en aantrekkelijke weergave van wat u doet.

Hieronder volgen voorbeelden van auteurs-taglines:

- De Publiciteitsjager.

- De Liefdesdokter.

- De productiviteitsprofessional.

- De Risqué Romance Auteur.

- Auteur van spannende mysteries.

- Auteur van de Detective McGee serie.

- Auteur van leerzame boeken voor kinderen.

Gebruik uw slogan als titel, na uw naam in reclamemateriaal en uw handtekening. Ik noem mezelf bijvoorbeeld Dana Lynn Smith, The Savvy Book Marketer.

Uw auteursfoto is een extra promotiemiddel. Zorg voor een professioneel ogende foto en gebruik die overal om je zichtbaarheid te vergroten. Professioneel betekent niet noodzakelijk een studiobeeld; bedenk hoe de achtergrond, pose en kleding van uw auteursfoto uw merk en de boeken die u schrijft kunnen weerspiegelen. Waar je foto ook verschijnt, zorg altijd voor een bijschrift met je naam en slogan.

Author branding kan bestaan uit je logo, boekomslagen, kleurenschema, specifieke schrijf- of spreekstijl en academische referenties. Samen vormen deze kenmerken een herkenbaar merk dat je memorabel maakt en de geloofwaardigheid van je auteursplatform verbetert.

Overweeg de stappen die je kunt nemen om je merk te verbeteren.

Reputatie.

Reputatie is een maatstaf voor hoe bekend je bent, waar je om bekend staat en je geloofwaardigheid.

Overweeg de volgende overwegingen bij het promoten van je boek:

- Hebt u een diploma, een opleiding of aanzienlijke ervaring in het onderwerp waarover u schrijft en/of schrijft?
- Heeft u een beroepskwalificatie op uw vakgebied of kunt u die behalen?
- Welke eerbewijzen of onderscheidingen heeft u ontvangen?
- Welke media-ervaring heeft u?
- Hoeveel mensen bereikt u met uw maandelijkse toespraken en interviews?
- Hoeveel mensen bezoeken uw blog?
- Hoeveel artikelen heeft u de afgelopen maand geschreven, geplaatst of gepubliceerd?
- Hoe bekend bent u en hoe herkenbaar is uw naam?
- Welke leiderschapsfuncties bekleedt u?
- Waarom zouden mensen naar u moeten luisteren of uw werk moeten lezen?

Non-fictie auteurs kunnen een reputatie opbouwen als een autoriteit op hun gebied door activiteiten als het produceren van boeken en artikelen, het geven van toespraken en lesgeven, optreden in praatprogramma's, genoemd worden in publicaties van andere auteurs, en het schrijven van de voorwoorden van andere boeken.

Fictie-auteurs kunnen bekend worden om hun schrijfstijl en vaardigheid in een bepaald genre (zoals kinderboeken, sciencefiction, romantiek of mysterie) of specialisatie binnen een genre (vampierverhalen, romantisch avontuur).

Je auteursplatform en reputatie kunnen worden versterkt door het winnen van lofbetuigingen, het krijgen van uitstekende boekrecensies, en het ontvangen van getuigenissen en goedkeuringen van beroemdheden en professionals uit de industrie.

Wat kun je doen om meer mensen te bereiken met je boekpromotie en je auteursreputatie en expertstatus te versterken?

Hoe kunt u in uw marketingmateriaal uw referenties benadrukken?

Verbindingen.

Bij het promoten van een boek is wie je kent belangrijker dan wat je weet!

Om in de huidige markt boeken te verkopen, moet je verbonden zijn. Hier zijn een paar voorbeelden van connecties die auteurs kunnen gebruiken om hun boeken te promoten:

- Contactdatabank - Klanten, leads, collega's, vrienden en familie.

- Opt-in Mailing List - Personen die u toestemming hebben gegeven om contact met hen op te nemen.

- Beïnvloeders - Beroemdheden, opmerkelijke personen in uw branche, boekrecensies, de media en bloggers.

- Connecties op Facebook, Twitter en andere online sociale netwerken, groepen en forums.

- Bloglezers - Personen die uw blog bekijken of zich abonneren op de feed ervan.

- Beroepsverenigingen - Leden en leiders van de vereniging. Leidinggevende posities verhogen iemands zichtbaarheid binnen een bedrijf.

- Andere organisaties - Alumniverenigingen, burger- en dienstverleningsgroepen, hobbyclubs, enz..

HOOFDSTUK 8: WAAROM SOMMIGE AUTEURS NOOIT SLAGEN ALS KINDERAUTEURS.

1 - Overmatig geïnteresseerd zijn in het resultaat - Niemand wil geloven dat het boek waar ze uren, weken of maanden aan gewerkt hebben zal mislukken. Het is onvermijdelijk, en je moet er klaar voor zijn.

De boeken die je beschouwt als je beste werk zullen niet aanslaan, terwijl de boeken die je met halve inspanning hebt gemaakt hoger zullen stijgen dan je je ooit had kunnen voorstellen. Dit kan het gevolg zijn van de nieuwste trend, geluk of andere onbekende omstandigheden.

Niet persoonlijk op te vatten. Veel beginnende auteurs geven het op als hun eerste boek niet aan hun verwachtingen voldoet. Zelfs als je alles in het werk hebt gesteld om je nieuwste product te laten slagen, kan het moeilijk zijn om de mislukking ervan waar te nemen.

Als je alle mogelijkheden hebt uitgeput, trek dan een streep door het zand en ga verder met de volgende onderneming. Te veel auteurs verspillen geld aan iets dat nooit succesvol zal zijn. Raak niet te veel gehecht aan het resultaat.

2 - Anticipating Retirement After Publishing One Book - In tegenstelling tot Hollywoodfilms waarin de hoofdpersoon "The End" typt op de laatste pagina van zijn manuscript en het verkoopt als zoete broodjes, volgt het leven helaas zijn eigen regels, en één daarvan is dat je moeite moet doen om geluk te krijgen. Vergeleken met de honderden of duizenden boeken die elke week verschijnen, is jouw boek een druppel op een gloeiende plaat: vrijgevigheid.

Als je een website met één pagina vergelijkt met een website met tien, twintig of honderd pagina's, is het duidelijk dat de website met het grotere aantal pagina's door meer mensen zal worden ontdekt, maar laat je niet ontmoedigen. U kunt de kans op succes van uw boek vergroten door het te verspreiden in zoveel mogelijk online boekwinkels en winkels. Hoe meer locaties waar mensen je kunnen vinden, hoe beter.

Gooi dus het idee dat één boek volstaat overboord. Werk aan je tweede en derde versie. Als je dan een band hebt met je publiek, heb je nog meer boeken om te verslinden.

3 - Nooit om recensies vragen - Laten we eerlijk zijn, we zijn niet allemaal het verkooptype, dus het idee om buiten onze vrienden- en familiekring te gaan leuren met ons nieuwste meesterwerk kan ontmoedigend zijn, maar als je geplaagd wordt door gedachten als "Wat als mensen het niet goed vinden?" en "Wat als de enige recensies die ik krijg negatief zijn?" zul je nooit in staat zijn je werk uit te brengen. Je bent gedoemd te mislukken.

Als je succesvol wilt zijn in de uitgeverswereld, moet je voorbereid zijn op de mogelijkheid dat niet iedereen je boek of zelfs jou leuk vindt. Deze mensen hebben hun hand opgestoken en gezegd: "Ik ben niet je publiek." Dan is je doel om je publiek te vinden. Je bewijst jezelf een grote dienst door niet om recensies te vragen of je boek aan zoveel mogelijk mensen voor te leggen.

4 - Going It Alone - Heb je ooit een artiest gezien die borden laat draaien? Je kijkt met verbazing toe hoe ze van de ene trage plaat naar de andere rennen, deze versnellen en in evenwicht brengen voordat ze terugrennen naar de eerste. Als dit jou en je schrijven beschrijft, is het slechts een kwestie van tijd voordat alles instort en je het in wanhoop opgeeft.

Elke grote uitgeverij heeft teams die de vele taken uitvoeren die nodig zijn om een boek te maken en op de markt te brengen. Voordat een boek in de schappen ligt, wordt het beoordeeld door proeflezers, redacteuren, ontwerpers, illustratoren en een marketinggroep. Als je al die petten draagt, zullen je romans nooit zo succesvol zijn als ze zouden kunnen zijn. Ik weet het uit persoonlijke ervaring.

Als je niet de middelen hebt om iemand in te huren voor al deze activiteiten, begin dan klein en zoek iemand die je zwakste verantwoordelijkheden aankan. Ga naar Fiverr.com en huur iemand in om je boekomslagen te maken als je die zelf niet wilt maken.

Huur vervolgens iemand in met copywriting vaardigheden om de blurbs en beschrijvingen van je boek samen te stellen, gevolgd door een specialist in boekpromotie. Het hoeft niet ingewikkeld of duur te zijn. Hoe langer je al deze rollen blijft spelen, hoe langer het zal duren voordat je succes boekt.

Onderzoek uw schrijven niet zoals een ondernemer dat zou doen - McDonald's zou nooit een restaurant openen in een gebied waar niemand komt, Walmart zou nooit zijn schappen vullen met dingen die niemand wil, en Amazon zou u nooit een enkel item verkopen op weg naar de kassa.

Maar hoeveel auteurs begaan deze fouten? Schrijven voor een publiek dat niet bestaat, boeken uitgeven die niemand wil, en maar één boek verkopen in plaats van een serie. Te veel, en dit is hoe je je moet richten op je schrijven en boeken in de toekomst.

Als iets niet effectief is, waardoor je geld verliest of te veel van je tijd opslokt, laat het dan los en ga verder. Concentreer je tijd en energie op wat wel werkt en herhaal de procedure.

Als een boek succesvol is, maak dan een vervolg, prequel, of een ander vervolg dat extra inkomsten oplevert. Als u 100 dollar hebt uitgegeven om uw laatste boek te promoten en slechts 50 dollar hebt verdiend, hoef ik u vast niet te vertellen dat dat een slechte zakelijke beslissing was.

Uiteindelijk is een boek een bezit, niets meer en niets minder. Verwerp het idee dat het een kunstwerk is of een indicatie van wie je bent. Mensen met een dergelijke visie leven het leven van een hongerige kunstenaar - mensen die hun boeken zien als een bedrijf dat ofwel winstgevend of niet winstgevend is, doen dat niet.

HOOFDSTUK 9: INZENDINGEN TOT CONTRACT TOT BOEKMARKETING TOT SCHRIJVERSVAK.

Leren schrijven is de hoeksteen van het schrijven van romans voor kinderen of welk genre dan ook. Als kinderauteur moet je de unieke richtlijnen en technieken begrijpen voor het schrijven van leeftijdsgeschikte verhalen met leeftijdsgeschikte woordenschat en plots.

Als je eenmaal de tijd hebt genomen om je vaardigheid onder de knie te krijgen en je manuscript hebt geëvalueerd, herzien en geredigeerd, gaat de traditionele weg van het schrijven van boeken voor kinderen verder met inzendingen, promotie en een schrijverscarrière.

Kinderboeken schrijven: Inzendingen.

Voordat je overweegt je werk ergens in te dienen, moet je ervoor zorgen dat je de essentiële maatregelen hebt genomen om het schrijversvak onder de knie te krijgen. Je manuscript moet zo goed mogelijk gepolijst zijn.

Er zijn twee soorten inzendingen: die aan uitgevers en die aan agentschappen. In adviseerde ik "agenten te onderzoeken" alvorens aan hen voor te leggen.

Voordat je een vraag indient bij een agent, moet je weten wat je bedoelingen zijn, vooral voordat je een contract ondertekent. Dit omvat het bepalen van de agent type ze zijn het genre dat zij vertegenwoordigen, en de agent platform dat zij bieden: hebben ze voldoen aan hun auteurs of crack de zweep? Zijn ze passief, agressief, betrokken of zelfgenoegzaam?

Hetzelfde advies geldt voor het voorleggen aan uitgevers: doe onderzoek naar hen voordat je ze voorlegt. Weet welke genres kinderboeken ze uitgeven en wat voor soort plots ze zoeken.

Of je nu naar een uitgever of een agent stuurt, je moet je altijd houden aan de vereisten voor inzending en de vraag persoonlijk maken. Er kunnen gevallen zijn waarin de richtlijnen niet vermelden naar welke redacteur de vraag moet worden gestuurd, maar als je deze informatie kunt vinden, gebruik die dan.

Weten hoe je je verhaal moet pitchen is even essentieel. Dit houdt in dat je de haak van het verhaal moet ontdekken. Agenten en uitgevers zijn ook geïnteresseerd in de verkopende elementen van het boek en de overeenkomsten met andere succesvolle publicaties.

Bovendien willen ze op de hoogte zijn van je marketingaanpak. Voordat u uw werk indient, moet u een internetaanwezigheid en -platform opzetten; laat agenten en uitgevers weten dat u uw boek agressief zult promoten.

Naast het verhaal moet je overbrengen: wie je hoofdpersoon is en waar hij of zij over gaat; de actie die het verhaal voortstuwt; de moeilijkheid van de hoofdpersoon; en, als de hindernis niet wordt overwonnen, wat er op het spel staat.

Bestudeer "de achterkant van gepubliceerde boeken" om te bepalen hoe beknopt en effectief ze de inhoud van het verhaal verwoorden. Dit geeft je een voorbeeld van hoe je je samenvatting moet schrijven.

Houd je vraag kort en professioneel, en houd je bio beknopt en relevant. Je moet de redacteur of agent boeien en verleiden je manuscript te lezen.

Hier zijn vier hulpmiddelen die je kunnen helpen bij het zoeken naar een uitgever of agent:

1. Waar en hoe je je werk verkoopt.

Meer dan 700 listings voor boekuitgevers, tijdschriften, agenten, kunstvertegenwoordigers en meer. WritersMarket.com is een online platform dat u kan helpen om uw werk op de markt te brengen.

2. Het boekcontract.

Als u uw onderzoek doet, zal uw roman uiteindelijk een thuis vinden. Als u uw eerste afwijzingen ontvangt, laat u dan niet ontmoedigen. Een gepubliceerde auteur is misschien niet eens de beste schrijver, maar ze is ongetwijfeld een volhouder.

Je moet om uitleg vragen als je iets in je contract niet begrijpt. Na ondertekening van een contract word je "in de rij gezet" en begin je op een gegeven moment met de redactie van de uitgever. Tussen het begin van de publicatieprocedure en de daadwerkelijke uitgave kan één tot twee jaar verstrijken.

3. Boek promotie.

Een paar maanden voordat je boek uitkomt, moet je beginnen met de promotie ervan om de verkoop te stimuleren. Hiervoor moet je een auteurswebsite en platform maken; je moet jezelf en je werk promoten.

Na de publicatie van je boek moet je deelnemen aan virtuele boektours, blog talk radio gastspots, schoolbezoeken, en andere typische boekpromotie technieken. U kunt dit zelf doen of u kunt een boekpromotiebedrijf of publicist inschakelen.

4. Een schrijverscarrière.

Nu je je boek hebt, ben je het als een gek aan het pushen (dit is een continu proces). De laatste en volgende fase is het herhalen van de procedure. Je wilt geen eendagsvlieg zijn, dus ik hoop dat je nog meer stukken hebt geschreven. Zo niet, begin er dan onmiddellijk mee. Een auteur publiceert gemiddeld om de één à twee jaar een boek.

Behalve dat je enthousiast blijft over het maken van kinderboeken, opent het publiceren van boeken de deur naar andere schrijfmogelijkheden, zoals spreekbeurten, workshops en/of teleseminars, en coaching.

Veel marketeers beweren dat je 'boek' je visitekaartje is; het toont je capaciteiten en promoot je als een autoriteit in je beroep of specialiteit. Profiteer van deze nieuwe kanalen van blootstelling en inkomsten.

HOOFDSTUK 10: ONLINE BOEK MARKETING.

Als je klaar bent met de boekpresentatie, persberichten, media-interviews, bibliotheekgesprekken, signeersessies, schoolbezoeken, enz. en niet zeker weet wat je nu moet doen, wil je misschien je boek online promoten.

Miljoenen websites en blogs zijn gericht op boekenlezers, auteurs, opvoeders, kinderen, jongeren, enz., en honderden (zo niet duizenden) meer richten zich op elk van de onderwerpen en zorgen die in je boek worden besproken.

Beschouw elke website en blog als een "virtuele plaats" om je boek te promoten.

Er zijn twee primaire technieken om dit te bereiken:

1. De eigenaar van de website of blog (of een medewerker) mailt u een reeks vragen, en u antwoordt via e-mail. Vervolgens worden uw (eventueel aangepaste) antwoorden op hun vragen op hun website geplaatst. Ze kunnen het ook promoten in hun nieuwsbrief of e-zine of hun abonnees aansporen om vragen voor jou in te dienen.

2. Stukken: Je spreekt af om een of meer korte artikelen te schrijven voor publicatie op hun website of nieuwsbrief.

Na elk interview of artikel mag je je boek vermelden en waar het te koop is. Dat is uw vergoeding. Je moet geen vergoeding verwachten voor het interview of stuk zelf; je doet het voor publiciteit, niet voor geld.

Maak een lijst van alles wat je boek behandelt, inclusief het hoofdthema, subonderwerpen, locaties, kwesties, enz. Neem de dingen op die je tijdens het schrijven van het boek hebt onderzocht, zelfs als ze uit het uiteindelijke ontwerp zijn geschrapt.

Er zullen meer gebieden zijn waarover je nu enige voorkennis hebt, zoals het schrijven van boeken, het vinden van een agent of uitgever, eventueel zelf uitgeven, het vinden van en samenwerken met een coverartiest, het houden van toespraken, signeersessies, enz. U zult waarschijnlijk versteld staan van de omvang van uw uiteindelijke lijst.

Elk van deze thema's wordt behandeld door een verbazingwekkend aantal websites en blogs, en veel van deze internetplatforms zijn op zoek naar verse inhoud. Gebruik daarom uw favoriete zoekmachine om elk item op uw lijst te onderzoeken.

Er zullen waarschijnlijk miljoenen resultaten zijn voor elk onderwerp. Bekijk de eerste twee pagina's van de zoekresultaten en selecteer een handvol van de meest relevante websites. Stuur vervolgens een e-mail naar de site-eigenaren met de vraag of ze een interview met je willen afnemen of een relevant stuk voor hun site willen schrijven.

Documenteer de sites waarmee u contact hebt opgenomen en hun antwoorden (indien van toepassing). Als grotere sites niet antwoorden, probeer het dan een week later opnieuw en eventueel een week daarna. U kunt ook proberen hen per telefoon of post te bereiken in plaats van per e-mail.

Geef die grote websites niet op totdat u een definitief "Ja" of "Nee" krijgt - zij ontvangen waarschijnlijk duizenden bezoekers. Stel je een signeersessie in de echte wereld voor, bijgewoond door duizenden mensen. U wilt niet dat zo'n kans verloren gaat omdat de eigenaar van de site het te druk had om op uw e-mail te reageren.

Online boekpromotie heeft enkele belangrijke voordelen ten opzichte van het persoonlijk bijwonen van promotie-evenementen.

- U hoeft niet te reizen, wat u veel tijd en geld bespaart.

- U komt nooit zonder locaties te zitten; u gaat gewoon door naar de volgende pagina met zoekresultaten of het volgende item op uw lijst.

- U kunt meerdere plaatsen op één dag bezoeken.

- U kunt een veel groter gebied bestrijken - de hele planeet.

- Zelfs de kleinste online locatie heeft doorgaans een veel groter publiek dan een enkele signeersessie in persoon.

- Je post of interview blijft meestal online en blijft jarenlang inkomsten genereren.

- Je hoeft geen prachtige spreekstem te hebben of het vermogen om snelle antwoorden te bedenken....

Als je eenmaal een paar van deze artikelen of interviews achter de rug hebt, wordt het veel eenvoudiger, omdat je dezelfde fundamentele opmerkingen en concepten met weinig aanpassingen kunt hergebruiken.

Maar zoals geen twee presentaties of interviews in de echte wereld identiek zijn, moet je ernaar streven elk online evenement uniek te maken. Probeer uw schrijven aan te passen aan de toon en het publiek van elke website.

Bedenk hoeveel tijd je zou besteden aan de voorbereiding, de reis en de presentatie van een soortgelijk evenement in de echte wereld. U zult het online evenement in een fractie van de tijd kunnen voltooien en waarschijnlijk veel betere resultaten behalen - en dat alles zonder uw bureau te verlaten.

HOOFDSTUK 11; ZORGEN VOOR EEN OPMERKELIJKE BOEKOMSLAG.

Men zegt dat je een boek aan zijn omslag kunt beoordelen. Niet helemaal juist. Er kunnen uitstekende boeken zijn met slechte en gemiddelde boeken met uitstekende covers. Er is één zekerheid. Uitstekende boekomslagen verkopen boeken.

Ik heb een paar boeken gehad waarvan de ene omslag uitzonderlijk goed werkte, en de andere niet. Mijn fout was een poging om een serie van dezelfde auteur te merken door te proberen het ontwerp van het tweede boek af te stemmen op dat van het eerste.

Het probleem was dat het tweede boek over een ander onderwerp ging en een andere aanpak vereiste. De volgende keer zal ik vertrouwen op professionele ervaring en input geven met betrekking tot de doelmarkt. Wel heb ik enkele opmerkingen over de stijl van de omslag.

Ik hou van eenvoud en durf. Ik wil dat de koper de titel en het onderwerp van het boek meteen herkent. Ik wil dat de titel en ondertitel duidelijk zijn, tenzij de ondertitel bedoeld is om de inhoud te verduidelijken. Ik spreek uit persoonlijke ervaring.

Ruim tien jaar geleden publiceerde ik een boek over essays schrijven met de titel I Wish I'd Had This When I Was in School. Hoewel de titel groot en vet was, gaf hij niet de inhoud van het boek aan. De titel van je boek moet een duidelijke persoonlijkheid uitstralen, vooral in de non-fictiesector.

Een omslag overladen met te veel inhoud is het enige wat ik heb vermeden. We hebben allemaal boekomslagen gezien waar elke vierkante centimeter gevuld is met afbeeldingen of reclameteksten. Dat is overdreven. Bovendien is het van een afstand niet te lezen. Ik wil dat een koper die titel in een boekhandel op minstens drie tot vier meter afstand kan lezen.

Dit brengt me bij mijn volgende punt: witruimte. Pagina's met veel tekst willen witruimte. Nu raad ik je niet aan om wit te gebruiken als achtergrond voor een boekomslag, hoewel het, zoals je misschien wel kunt raden, uitzonderlijk goed werkt voor sommige boeken.

Sommige auteurs adviseren in plaats daarvan "een kleur, een textuur of een achtergrondillustratie" te gebruiken. Bovendien is witte ruimte vereist, maar geen witte achtergrond.

Wat ik niet heb gedaan bij het kiezen van een ontwerp voor een zakelijk boek, is goed kijken naar vergelijkbare boekomslagen. Ik heb wel gekeken naar prijsvergelijkingen, maar niet naar omslagontwerpen. Bezoek uw plaatselijke boekhandel als u momenteel een zakelijk boek, een kinderboek of een ander genre leest. Is er een patroon dat je opvalt dat zou kunnen functioneren, al was het maar als een breed concept, voor je komende boek?

Een laatste advies is om te praten met een plaatselijke uitgever. Een paar jaar geleden woonde ik een conferentie bij waar een prominente uitgever een presentatie gaf over het ontwerp en de aanwezigen verzocht hun boeken ter beoordeling in te sturen.

Ik wou dat dat gesprek had plaatsgevonden voordat ik een van mijn romans publiceerde. De inhoud was uitstekend. Maar een betere omslag zou de verkoop hebben gestimuleerd. Deze les wil ik u graag meegeven.

Uitstekende boekomslagen verkopen boeken.

HOOFDSTUK 12: SUGGESTIES OM UITGEVERS VAN KINDERBOEKEN TE VINDEN.

Het aantal personen dat denkt een kinderboek te maken omdat het eenvoudig is, zal je vertellen dat schrijven moeilijk is. Wanneer je een verhaal hebt geschreven waarvan je denkt dat het een succes zou zijn op de kindermarkt, moet je een uitgever vinden die gespecialiseerd is in dat soort schrijven; je hebt een uitgever van kinderboeken nodig.

Om ervoor te zorgen dat je een uitgever vindt die jouw enthousiasme voor het vermaken en onderwijzen van kinderen deelt, zijn er enkele aspecten die je moet overwegen bij het selecteren van kinderboekenuitgevers.

Het samenstellen van een uitstekend werkstuk moet je prioriteit zijn. Het verlangen naar self-publishing is de afgelopen jaren enorm toegenomen, omdat uitgevers niet langer veel nieuwe auteurs accepteren, maar in plaats daarvan werken met gevestigde auteurs. Een voet tussen de deur krijgen bij een kinderboekenuitgeverij begint met het indienen van een uitstekend manuscript. Je wilt dat ze je artikel lezen, de waarde ervan bepalen en aanbieden om het namens jou te publiceren.

Zoek uitgeverijen die gespecialiseerd zijn in kinderliteratuur. Niet alle uitgeverijen hebben expertise in het uitgeven van kinderboeken. Omdat dit zo'n nichemarkt is, moet je een uitgever vinden die zich erop richt om je boek in de winkels te krijgen voor de juiste leeftijdsgroep.

Bij het selecteren van een uitgever voor een kinderboek is het essentieel om een uitgeverij te vinden met een solide reputatie op de kindermarkt. Je moet er zeker van zijn dat de uitgever die je kiest je zal helpen om reclame te maken voor je boek en ervoor te zorgen dat het in de toekomst het juiste publiek bereikt. Accepteer geen contract van een willekeurige uitgever; wacht in plaats daarvan af wat iedereen aanbiedt, zodat je de beste optie kunt kiezen.

Tijdens deze hele procedure moet je onthouden dat uitgevers niet langer alle boeken accepteren. In werkelijkheid kan het uiterst intimiderend zijn om via een uitgeverij te gaan, omdat je een agent nodig hebt om de uitgeverijen namens jou te benaderen, wat lang en moeizaam kan zijn. Daarom is self-publishing zo populair geworden, waardoor auteurs hun werk op tijd kunnen publiceren en verspreiden.

Met self-publishing behoudt u de volledige controle over uw werk. U kiest de methode van publicatie, of een boek wordt gedrukt of online gepubliceerd. U kunt beslissen wat u optimaal acht voor uw werk en de optimale methode om het te verspreiden.

Self-publishing stelt u in staat om uw toekomst efficiënt te controleren met de hulp van een ervaren uitgever die u een overvloed aan begeleiding en hulp kan bieden.

Maak gebruik van de auteurshulpmiddelen waarmee self-publishing-professionals je kunnen helpen. Wanneer je een kinderboek uitgeeft, heb je een pakkende voorkant en foto's nodig om de aandacht van het kind vast te houden.

De uitgeverij die je kiest moet je nuttige begeleiding kunnen bieden, interne ontwerpers hebben die je kunnen helpen met illustraties en het ontwerp van de voorkant, en als extra gemak proeflezen en redigeren.

Denk er bij het zoeken naar uitgevers van kinderboeken altijd aan de tijd te nemen om zoveel mogelijk te weten te komen over het bedrijf door middel van recensies op internet en feedback van klanten, zodat je met vertrouwen kunt beslissen wat je met je werk gaat doen.

HOOFDSTUK 13: SCHRIJVEN VOOR KINDEREN EN OUDERS OVERHALEN.

Het ligt voor de hand dat u moet kunnen communiceren in een taal die uw doelgroep spreekt. Het kiezen van een onderwerp waarmee het kind zich kan identificeren is cruciaal. Nogmaals, afhankelijk van de leeftijd van het kind, wordt het vaak noodzakelijk geacht visuals toe te voegen; toch zien kinderen van alle leeftijden graag illustraties.

U moet begrijpen wat de kinderen en hun ouders van lezen verlangen. Het is van cruciaal belang dat de kinderen gelukkig blijven en plezier beleven aan het verhaal, terwijl een beroep wordt gedaan op hun creativiteit en creatieve energie, maar wat zal de ouders overtuigen om het boek te kopen?

Ouders zijn ook op zoek naar boeken met een educatieve waarde voor hun kinderen. Nieuwe woorden en begrippen zijn op zich al leerzaam. Toch willen ouders vaak iets tastbaarders - een middel om het succes van het boek te kwantificeren in termen van de educatieve waarde ervan voor hun kinderen.

Het opnemen van activiteiten in de tekst van het boek kan het een onderscheidende kwaliteit geven die zowel kinderen als hun ouders zal aanspreken. Een woordenlijst met onbekende of ongebruikelijke woorden kan ervoor zorgen dat kinderen en ouders de stof goed begrijpen en dat jongeren zich niet voortdurend afvragen wat een bepaald woord betekent.

Een groot boek met verhalen en activiteiten was vroeger een gebruikelijk kerstcadeau. Deze jaarboeken waren altijd populair omdat ze verschillende activiteiten bevatten die kinderen tijdens het lezen van de verhalen konden voltooien. Het toevoegen van quizzen, kruiswoordpuzzels, schrijf-, en teken-/kleuroefeningen maken het verhaal voor kinderen en hun ouders beter.

Momenteel winnen boeken met meer activiteiten dan verhalen marktaandeel. Maar als je je talent voor het vertellen van verhalen combineert met geschikte, onderhoudende activiteiten, zul je zowel kinderen als hun ouders aanspreken en de kans op succes van je boek vergroten.

Dankzij het internet is het mogelijk om e-boeken met afbeeldingen in kleur te produceren zonder dat je gebonden bent aan productiekosten. Dit houdt natuurlijk in dat uw boeken minder duur kunnen zijn dan boeken die in de winkel worden verkocht.

Dit is een ingewikkelder proces met betrekking tot reclame en marketing van uw boek om verkoop te genereren. Internet marketeers zijn het er echter over eens dat het schrijven en publiceren van artikelen een van de beste methodes is om geloofwaardigheid op te bouwen als kinderauteur. Voeg aan het eind van het stuk een referentiebox toe met een link naar je website (of e-mail) waar het boek gekocht kan worden.

Je hebt een voordeel ten opzichte van anderen omdat je een artikel kunt schrijven en produceren dat "geen grote moeite" zou zijn. Zorg ervoor dat u uw bericht naar het juiste e-zine, nieuwsbrief of categorie op websites zoals deze stuurt - u moet zich bijvoorbeeld richten op klanten die kinderen hebben. Moeders.

Als je besluit je kerk of school te benaderen, probeer dan een affiliate programma op te zetten waarbij de organisatie een commissie ontvangt (ongeveer 50 procent) voor het promoten van je boek voor jou, bijvoorbeeld via een getuigenis.

Maak je geen zorgen over het aanbieden van grote commissies; je hebt geen extra kosten nadat je je boek hebt geschreven. Dit is een prachtige methode om je gemeenschapszin te tonen en je reputatie als meelevende kinderauteur te verbeteren. De ouders zullen je vriendelijkheid waarderen, terwijl de jongeren zullen genieten van je boek.

HOOFDSTUK 14: DE ZICHTBAARHEID VAN JE ZELFGEPUBLICEERDE KINDERBOEK VERGROTEN.

Gefeliciteerd! Je hebt net je kinderboek zelfstandig uitgebracht! Hoe krijg je het nu bij het publiek? Het promoten van je boek vergt veel werk en doorzettingsvermogen. Succes komt niet van de ene op de andere dag, hoe graag je het ook wilt. Hieronder staan enkele benaderingen die ik heb toegepast of gepland om mijn kinderboeken te promoten.

1. Zet een website op. Toon je boek! Maak een PDF bestand van de preview van je boek! De meeste kopers willen een preview voordat ze tot aankoop overgaan, dus geef er een. Maak een link via welke mensen je boek kunnen kopen.

2. Maak een blog en netwerk met andere auteurs.

3. Maak een fanpagina op Facebook en een Twitteraccount. Stel je Facebook fan pagina voor aan je vrienden. Volg personen op Twitter die uw interesses delen. Adverteren op Facebook kan ook, maar alleen als je voldoende financiën hebt.

4. Ontvang recensies. Vraag andere zelfgepubliceerde auteurs van kinderboeken om jouw boek te recenseren in ruil voor het hunne. Plaats deze getuigenissen op je blog of website.

5. Bezoekkaarten! Ga naar Vistaprint.com. Je kunt je eigen sjablonen indienen of die van hen gebruiken. Deel visitekaartjes uit waar mogelijk. Als je kinderen hebt, neem ze dan mee naar het park en deel ze uit aan andere ouders.

6. Als je kinderboek deel uitmaakt van een serie, bied dan het eerste deel aan op eBay. Ik had de meeste views en biedingen toen ik begon met een startprijs van $0,01 en gratis verzending. Je zult

waarschijnlijk een financieel verlies lijden, maar je boek zal worden aangeschaft door een lezer die het nog nooit heeft gelezen. Bied korting op je andere boeken als klanten van het eerste boek genieten. Voeg ook je visitekaartje toe!

7. Schrijf brieven naar kinderdagverblijven en bibliotheken waarin u aangeeft waarom zij uw boek zouden moeten hebben. Indien mogelijk, bied ze een speciale korting aan.

8. Stickers of magneten voor op de bumper van je auto! Ontwerp het naar eigen inzicht, en vermeld zeker je website!

9. Bevestig flyers met afscheurbare tabbladen op prikborden. Veel supermarkten en bibliotheken hebben ze. Probeer ook de pizzeria's! Misschien moet je eerst informeren voordat je ze ophangt. Zorg ervoor dat je ze minstens wekelijks controleert. (*Scheur een tabblad af. Dit geeft de indruk dat mensen geïnteresseerd zijn in uw flyer. Dit is geprobeerd, en het werkt!*)

Sommige websites bieden goedkope reclame aan! Ze bieden een banner swap service, maar u kunt ook kopen banner impressies en website klikken. Websites voegen een code toe aan hun site, en wanneer iemand hun site bezoekt, krijgen ze een bannerweergave op een andere website.

Daarom, wanneer u klikken koopt, betaalt u voor mensen om op uw banners te klikken. Dit zijn dus daadwerkelijke mensen die op uw banner hebben geklikt omdat deze hun aandacht trok. Onderzoek de effectiviteit van een goedkope campagne door deze uit te voeren.

HOOFDSTUK 15: VAN JE KINDERBOEK EEN BESTSELLER MAKEN.

Gefeliciteerd! Je hebt een boek voor jongeren gepubliceerd. Nu is de volgende en meest cruciale fase Promotie. Kinderen zijn toegewijde lezers, maar eerst moeilijk te engageren. Deze pagina geeft een overzicht van websites die kinder- en jeugdliteratuur promoten.

1. Bookmarket - Dit is een pagina met advies over promotie. Het boek 1001 ways to advertise your book van John Kremer is een waardevolle bron voor alle auteurs. Children's writer's and illustrator's market van Writer's Digest bevat een lijst van uitgevers en schrijftips.

2. Recensies zijn een uitstekende methode om reclame te maken voor je boek. Het helpt je boek aanzienlijk. Stuur verzoeken voor giveaways, recensies

en interviews naar alle blogs en websites, ongeacht hun omvang.

3. Lees je boek voor in een lokale kinderbibliotheek of draag een exemplaar bij aan een school. Je kunt boeken achterlaten waar jongeren vaak komen.

4. Een podcast en trailer zetten een boek effectief in de markt. De remedie voor kinderen die te lui zijn om te lezen is een podcast.

5. Script - Scriptschrijven wordt beschouwd als volledig verschillend van het schrijven van een roman. De meeste populaire boeken worden bewerkt tot films en radio-uitzendingen. Toch kun je deze strategie gebruiken om reclame te maken voor je boek.

6. De BBC en andere omroepen accepteren inzendingen. Acceptatie is echter vaak een uitdaging. Veel scriptschrijfwedstrijden staan ook open voor amateurauteurs. Kinderen kijken graag naar televisie.

7. Getuigenissen Bekende mensen kunnen je boek ten goede komen.

8. Dit is een geweldige methode om kinderen te laten weten dat je boek is gepubliceerd. Dit is effectiever voor literatuur bestemd voor een ouder publiek. Kondig de publicatie van je boek aan in een kindertijdschrift of krant. Dit kan kosten met zich meebrengen. Daarnaast kun je schrijven voor een kindertijdschrift of interviews houden om je boek te promoten.

9. Flyers, posters, etc. - Deze hebben geld nodig om te drukken, maar kunnen succesvol zijn, vooral bij kinderen.

10. Adverteren op websites die de inhoud van uw boek of inhoud die lijkt op de inhoud van uw boek bevatten, zal de verkoop verhogen. Adverteren op televisie is de meest effectieve techniek om de aandacht van kinderen te trekken, maar het is duur, en kinderen vinden het misschien niet leuk om boekreclames te zien.

11. Sta in catalogi van kinderboeken.

Websiteprijzen en literaire onderscheidingen kunnen helpen de boekverkoop te verhogen. Ook dit is problematisch omdat literaire prijzen strenge selectienormen hebben. Veel bibliothecarissen kopen graag bekroonde publicaties aan. Dit verhoogt ook de zichtbaarheid van het boek.

Veel jongeren ontwikkelen de gewoonte om boeken uit de bibliotheekcollectie te lezen. Voor kinderen onder de twaalf jaar is de schoolbibliotheek de toegangspoort tot de wereld van de literatuur.

Zorg ervoor dat uw boeken beschikbaar zijn in openbare en zelfs schoolbibliotheken. Kinderen hebben beperkte koopkracht, maar als ze genieten van een van je gratis boeken en besluiten andere te kopen, is er een kans dat ze dat zullen doen.

Normaal gesproken zou ik pleiten voor sociale netwerken, maar als je werken bedoeld zijn voor kinderen onder de twaalf, is dat zinloos. Promoot op de websites van zowel leraren als leerlingen. Beveel het aan voor leesopdrachten in de klas of boekweken. Probeer veel invloed uit te oefenen op de mensen en scholen in uw omgeving.

Aangezien het meeste internet kijken van kinderen wordt gefilterd, zijn websites niet erg nuttig voor kinderen. Daarom raad ik kinderen ook geen elektronische literatuur aan. Tieners zijn ontvankelijker voor e-books en worden beïnvloed door het internet. En hoewel geld essentieel is, heeft het geen significante invloed op kinderromans in vergelijking met publicaties voor volwassenen.

HOOFDSTUK 16: OP MAAT GEMAAKTE BOBBLE HEADS GEBRUIKEN VOOR PROMOTIE.

Sommige individuen verkopen een product. Anderen vormen het product. Om nieuwe mogelijkheden te krijgen, moet je aan zelfpromotie doen als je schrijver, zanger, politicus, kunstenaar, in het openbaar of anderszins zelfstandig bent. Je hebt een identiteitskaart. Je hebt flyers verspreid. Je hebt een nieuwe manier nodig om potentiële klanten en kiezers te bereiken.

Overweeg aangepaste figuren!

Waarom aangepaste Bobble Heads bestellen?

Deze beeldjes zetten niet alleen uw naam, maar ook u voor het publiek. Een handgemaakt beeldje levert meer naamsbekendheid op dan een potlood of luciferdoosje voor een politicus die bereikbaar wil blijven. Als u een schrijver, kunstenaar of muzikant bent die concurreert met andere aspirant-schrijvers, schilders en muzikanten voor aandacht, staat een beeldje met kop en schouders boven posters en boekenleggers.

Persoonlijke beeldjes bouwen een band op tussen u en uw publiek. Omdat het gezicht van het figuurtje meestal een karikatuur is, zorgt het ook voor humor, waardoor u toegankelijker wordt. U bent niet Senator Smith; u bent mijn aangename en aardige Senator Smith. U bent niet de gitarist Crash Jones; u bent een plezierig lid van een fantastische band.

Een gepersonaliseerde bobblehead is ook ongewoon. U wordt herinnerd wanneer u er een in uw persmap opneemt of uitdeelt op evenementen. Omdat beeldjes duurzaam zijn, zullen potentiële klanten zich u herinneren lang nadat de visitekaartjes en kalenders van de concurrentie zijn weggegooid.

Adverteren met een Bobble-Head.

Een aangepaste bobblehead is een aanpasbaar instrument. Voeg dit toe aan uw persmap. Deel hem uit bij concerten, tentoonstellingen, rally's, conventies, signeersessies, festivals en beurzen. Gebruik hem als beloning voor blogwedstrijden en als giveaway voor online en daadwerkelijke tours. Neem het op in promotionele geschenkmanden, goodiebags en waarderingsgeschenken.

Een gepersonaliseerd beeldje van je hoofdpersoon kan kinderen naar je tafel lokken tijdens een signeersessie als je een roman hebt geschreven. Ongeacht uw bedrijf, aarzel nooit om uw pop te gebruiken als cadeau voor jongeren.

U zult herinnerd worden als onvriendelijk als u weigert. Aan de andere kant, als u een bobblehead geeft aan een jongere die erom vraagt, wordt u gezien als een gulle kinderliefhebber, wat altijd een positief imago is.

Wanneer u persoonlijk verschijnt, op een school, bij een campagne, een lezing of een verkoopgesprek, houd dan uw beeldje en informatiepakket bij de hand. Je weet nooit wanneer een promotionele kans zich voordoet.

Uw eigen beeldje kiezen:

- Hoe moet je bobblehead eruit zien?

- Is het een kopie van jezelf, je groep of je persoonlijkheid?

- Welke acties moet je figuur uitvoeren?

- Heb je een achtergrond nodig?

- Hoeveel informatie heb je nodig?

Kies een productiebedrijf dat uw visie erkent en promoot.

Kies een bedrijf dat uw toestemming nodig heeft bij elke productiestap. Zorg ervoor dat uw gepersonaliseerde bobblehead zal worden gemaakt met veilige, duurzame materialen. Overweeg de ervaring van een bedrijf, reputatie voor kwaliteit, en klantenservice.

Wanneer u het product bent, hebt u de meest effectieve reclame nodig. Neem een aangepaste bobblehead op in uw promotiemateriaal!

HOOFDSTUK 17: OVERWEGINGEN DIE U MOET MAKEN VOORDAT U EEN KINDER-EBOOK PUBLICEERT.

Ik dacht dat het schrijven van een kinderboek eenvoudig zou zijn. Ik gebruikte mijn volwassen verstand. Nadat ik op internet had gezocht naar suggesties voor het schrijven van kinderboeken, ontdekte ik dat gewoon achter mijn computer zitten niet voldoende was.

Eerst moest ik bepalen welke leeftijdsgroep ik wilde aanspreken. De woordenschat en de belangstelling van kinderen variëren tussen vijf en acht jaar, negen en twaalf, en dertien en vijftien jaar.

Ik bracht een dag door in de kinderafdeling van de boekwinkel en onderzocht welke taal elke leeftijdsgroep kon begrijpen, het soort en de hoeveelheid illustraties, de lengte van de boeken, de onderwerpen die elke leeftijdsgroep interesseerden en hoe de kinderen in de afdeling met hun selecties omgingen.

Vervolgens moest ik beslissen in welk genre ik wilde schrijven (avontuur, fantasie, sciencefiction, persoonlijke ervaring, enz.) en de criteria voor de lengte van het boek. Voor elk van deze factoren bestaan online beschrijvingen. Ik zocht op websites naar fantasy- en sciencefictionboeken om te zien over welke onderwerpen andere auteurs hebben geschreven. Welke romans werden bekroond en waarom?

Ook onderzocht ik op websites voor kinderboeken de trends in grafische en beeldstijlen voor elke leeftijdsgroep. Omdat ik me voorbereidde om leraar te worden, gebruikte ik ook bronnen voor leraren om te zien welke schoolboeken voor kinderen van verschillende leeftijden werden gebruikt.

De websites van Amazon, Barnes & Noble en Borders waren ook nuttige hulpmiddelen om aan te tonen welke boeken het populairst waren bij de verschillende leeftijdsgroepen. De gedrukte aanpak was in dit stadium te tijdrovend, te duur en te intimiderend, dus koos ik voor zelfpublicatie online. In het gedeelte Kindle Book Publishing van de website van Amazon vinden auteurs in de dop voldoende ondersteuning.

Voor de marketing van mijn eBook investeerde ik in online diensten die je instrueren over het gebruik van blogs, reclame en publicatietactieken om kopers naar je boek te trekken. Bovendien leer je hoe je de prijs van je Ebook bepaalt, hoeveel mensen de beschrijving van je boek hebben geraadpleegd en hoe je de promotierangschikking bijhoudt. U kunt ook een website maken om mensen aan te moedigen uw boek te kopen.

Afhankelijk van waar u uw boek wilt verkopen, moet u het opmaken volgens de richtlijnen. Volg deze richtlijnen zorgvuldig als je wilt dat je boek moeiteloos leesbaar is. Ik heb boeken gezien met vreemde symbolen door de tekst heen. Sommige diensten doen alles tegen betaling en de optie om het zelf te doen. Met behulp van een website heb ik een omslag ontwikkeld voor gebruik bij mijn Amazon beschrijving.

Dit is slechts een inleiding tot het schrijven, publiceren en verkopen van eBooks voor kinderen. Ik ben ervan overtuigd dat je nog veel meer online bronnen kunt vinden die de benodigde informatie verschaffen. Laat je fantasie de vrije loop, maar houd altijd je doelgroep in gedachten als je schrijft.

HOOFDSTUK 18: TIPS VOOR BOEKMARKETING WAARMEE JE MEER EXEMPLAREN KUNT VERKOPEN.

Er is nooit een bestseller geweest zonder enige vorm van inspanning. Zelfs legendarische auteurs werden door de mangel gehaald voor publicatie en een groot lezerspubliek. Het vergt inspanning, doorzettingsvermogen en boekmarketingstrategieën om van onbekende schrijver naar bestsellerauteur te gaan. Hier zijn vijf van deze marketing ideeën ter overweging.

1. Vergroot je zichtbaarheid op internet. Als je nog geen website hebt, maak er dan een. Word lid van een social media gemeenschap als je daar nog niet bij betrokken bent. Neem een pagina met testimonials op uw website op, laat mensen uw boek beoordelen op

uw Facebook-pagina, word zichtbaar op Twitter, overweeg vraag- en antwoordsessies op Google+ en optimaliseer uw website voor zoekmachines.

Mensen leren meer over nieuwe boeken via internet, vrienden, boekwinkels of advertenties. Sociale netwerkplatforms hebben de hoeveelheid mond-tot-mondreclame vergroot, waardoor lezers nieuwe auteurs kunnen ontdekken. Breid daarom je aanwezigheid op internet uit.

2. Laat technologie en trends je niet afschrikken om ebookmarketing toe te passen. Veel auteurs bieden nu ebook-edities van hun werk aan. Volgens BookStats heeft fictie voor volwassenen de ebookomzet in een paar jaar tijd opgestuwd tot 1,27 miljard dollar, terwijl de ebookverkoop voor kinderen in hetzelfde tijdsbestek is verdrievoudigd. Met 84 miljoen verkochte iPads wereldwijd en leestabletten die steeds meer producten leveren, moet je het lucratieve potentieel van elektronische boekmarketing niet over het hoofd zien.

3. Vertrouw een expert toe aan uw ebookstrategie. Je kunt veel inzendingen van je boek ontvangen voor top-tier ebook marketing websites, Twitter campagnes en andere strategische inspanningen, zoals een wedstrijd voor een fan review, voor de goedkoopst mogelijke uitgaven om de exposure van je boek te vergroten.

4. Promoot je boek op het web. Promoot je boek op blogsites die verband houden met jouw genre of specifieke markt. Dit is een prachtige methode om mensen naar je boek te lokken en hen te helpen het boek in hun netwerken te verspreiden. Wanneer je een gemeenschap uitbreidt, vergaar je uiteindelijk een aanhang.

5. Ontwikkel je internetreputatie en word een autoriteit. Dit is vooral cruciaal voor auteurs van zelfhulp- en how-to-boeken. Ontwikkel webvideo's. Leer over hoe actief te worden op LinkedIn Answers.

6. Laat nooit een kans voorbijgaan om vragen van fans over je boek te beantwoorden. Wanneer je voldoende erkenning krijgt voor je geloofsbrieven en

expertise over een bepaald onderwerp, zal je boek (of boeken) zonder moeite gepusht worden.

Marketing van een ebook of een boek voor de online markt kan lucratieve resultaten hebben. Je moet gewoon inspanning leveren. Wees Web savvy. Vertrouw op een specialist voor hulp bij uw campagnes. Ontwikkel je merk, en wie weet, misschien zal het boek dat je jaren geleden hebt voltooid je helpen om vandaag een best verkopende auteur te worden.

HOOFDSTUK 19: TE VERMIJDEN BOEKPROMOTIEFOUTEN.

Er zijn honderden professionals die schrijven, bloggen en spreken over wat auteurs moeten doen om hun roman te verkopen, maar soms moeten auteurs ook horen wat ze moeten vermijden.

Ik heb een handvol van de gekste verhalen die ik heb gehoord over auteurs schrijven of het bevorderen van hun romans, en terwijl ze kunnen lijken belachelijk, ik verzeker u dat ze allemaal waar zijn. Voor het geval je op weg bent naar een krankzinnig schrijverschap, volgen hier een paar tips over wat je niet moet doen.

Fouten in de boekhandel:

Deze twee verhalen werden mij verteld door een bevriende boekhandelaar:

We hebben besloten het boek van deze auteur in consignatie te nemen. Zolang een boek verkoopt, blijven we het in voorraad houden. Eén auteur verkocht echter geen boeken, dus heb ik hem meegedeeld dat we zijn boek na zes maanden niet meer in voorraad konden nemen.

Hij meldde mij dat hij twintig boeken had verkocht in mijn winkel. Ik deelde hem mee dat de acht boeken die we oorspronkelijk van hem hadden gestolen nog steeds aanwezig waren. Hij zei dat hij de stapel om de paar weken had vernieuwd.

We hebben geen geautomatiseerd inventarissysteem, dus toen hij zijn stapel opnieuw vulde, hadden we geen methode om bij te houden welke boeken waren verkocht. Ik kan hem dus niet betalen voor die boeken. Kortom, voordat u nieuwe boeken in de winkel achterlaat, moet u dit verifiëren bij de manager van de boekhandel.

Wij plaatsten de boeken van een plaatselijke auteur in de afdeling lokale boeken. Toen ik op een dag de winkel binnenkwam, stonden al haar boeken naast de bestsellers op de voorste tafel. Ze werden teruggeplaatst in de lokale afdeling.

Toen het scenario zich opnieuw voordeed, benadrukte ik tegenover de auteur dat kopers die lokale boeken zoeken haar werken moeilijk zouden kunnen vinden als ze niet in de buurt waren, maar dit leek geen verschil te maken.

Toen ik een paar dagen later terugkwam op kantoor, stonden haar boeken weer op de voorste tafel. Nadat ik ze verschillende keren had verplaatst, belde ik de auteur en liet haar weten dat we haar boeken niet langer zouden verkopen.

Festivals:

Dit verhaal werd mij verteld door een schrijver die een kunstbeurs bezocht:

Ik deelde een tafel op een kunstbeurs met een andere auteur. Haar verhaal was onlangs bewerkt tot een luisterboek. Bij wijze van zelfpromotie besloot ze een koptelefoon mee te nemen, zodat iedereen het luisterboek kon beluisteren. Daar liet ze het echter niet bij.

Ze stond buiten de stand en haastte zich naar voorbijgangers, zette zonder toestemming een koptelefoon op hun hoofd en riep: "Luister naar mijn boek!". Ze belette mensen om de stand te benaderen om mijn boek te bekijken, en toen ze zagen wat ze andere onschuldige bezoekers aandeed, begonnen ze ons te mijden.

Interviews:

Ik kan niet tellen hoe vaak ik het volgende heb gehoord van auteurs tijdens interviews. Het maakt een interviewer niet blij:

"Waarom besluit je personage Mary... In je roman?"

Om dat te ontdekken moet je het boek lezen.

"Maar kunt u ons vertellen waarom u ervoor heeft gekozen om Mary het te laten doen?"

"Nee, ik ben bang dat ik dan te veel informatie onthul. Om dat te ontdekken, zult u het boek moeten lezen."

Als een auteur mij niet kan vertellen over zijn of haar boek, zal ik niet geïnteresseerd zijn om het te lezen.

Inleidingen op boeken:

Een auteur schreef het volgende in de openingsalinea van zijn inleiding:

Het kwam bij me op dat de scenario's in mijn roman en de fantasiewereld die ik heb gebouwd eerst verwarrend en moeilijk te volgen zouden zijn voor de lezers, dus besloot ik deze inleiding te schrijven om alles uit te leggen zodat ze de plot kunnen volgen.

Een lezer vertellen dat je boek verwarrend is, helpt je niet om meer exemplaren te verkopen; als je boek verwarrend is, moet je het verder herzien in plaats van het te publiceren.

Kinderboeken:

Ondanks je ongeloof, weten sommige auteurs niet wat gepast is voor een kinderboek. Ik hoorde over een auteur wiens dierlijke hoofdpersonen een moord onderzochten. Erger nog, het slachtoffer was een vrouw, en haar man en haar minnaar waren de hoofdverdachten. Ik hoop dat moord en overspel ongepaste onderwerpen zijn voor kinderen.

Websites:

Ik zou andere fouten kunnen opnoemen die auteurs op hun websites maken, maar deze auteur moet de prijs voor het vreemdste verhaal ooit verdienen. Dit is een lichte parafrase van een bericht dat ik zag op de website van een auteur, maar het geeft weer wat ik van meer dan een auteur heb gehoord (vandaar de spaties):

Als u mijn boek wilt kopen, kan ik het u niet opsturen omdat _____ [het postkantoor, de Amerikaanse regering, de Liga van het Kwaad, de aliens die in het geheim onze planeet besturen, enz.] met opzet de boeken steelt die ik heb opgestuurd zodat mensen de waarheid over _____ [Bigfoot, King Arthur, de Bermudadriehoek, Jezus, enz.] Dus heb ik het omgezet in een downloadbaar eBook op mijn website.

Misschien verkoopt u als auteur uw boeken niet zoals u zou willen, en vraagt u zich af wat u verkeerd doet. Maar na het lezen van deze anekdotes ben ik ervan overtuigd dat u zichzelf kunt feliciteren met het feit dat u tenminste een paar dingen goed doet.

HOOFDSTUK 20: JE BOEK PROMOTEN IN JE BUURT.

Online marketing is een fantastische manier om je boek aan een wereldwijd publiek te verkopen, maar schrijvers negeren vaak lokale alternatieven voor boekmarketing. Je kunt opvallen als een grotere vis in een kleinere vijver in je lokale buurt en regio. Hier zijn vijf strategieën om je boek lokaal te promoten:

1. Neem altijd lectuur en boeken mee. Bewaar een doos boeken, wat flyers in de kofferbak van je auto en visitekaartjes in je portemonnee. Je weet nooit wanneer je een potentiële klant of marketingcontact tegenkomt.

2. Bedenk mogelijkheden in uw hele regio. Ga je een weekendje weg of naar je oma? Doe vooronderzoek naar boekhandels, bedrijven en

bibliotheken in de omgeving die je kunt bezoeken of organiseer je boektour, waarbij je onderweg bij familie en vrienden verblijft.

3. Promoot jezelf bij winkeliers en bibliotheken als lokale auteur. Veel boekhandels en bibliotheken bieden een sectie waarin het werk van lokale of regionale auteurs wordt belicht.

4. Overweeg alternatieve winkeliers die goed bij je passen. Bedenk welke soorten winkels relevant zijn voor het thema van je boek en adverteer het als het werk van een lokale auteur.

5. Plak "lokale auteur" stickers op de boeken die je in je gemeenschap verkoopt.

6. Spreek in bibliotheken. Neem contact op met bibliotheken over een presentatie over het onderwerp van je boek. Dit is vooral nuttig voor kinderboeken en non-fictie met een brede aantrekkingskracht (zoals reizen, zaken of fitness). Veel bibliotheken staan je toe je boeken te verkopen tijdens je voordracht en andere hebben fondsen voor sprekersvergoedingen.

7. Zoek verdere mogelijkheden om te spreken. Spreken is een geweldige manier om reclame te maken voor je boek; als je eenmaal ervaring hebt opgedaan, kun je zelfs betaald worden om te spreken. Veel organisaties, waaronder zakelijke en maatschappelijke organisaties, kerkelijke groepen, scholen en universiteiten, handelsverenigingen en andere, zoeken boeiende presentatoren voor hun bijeenkomsten.

8. Zorg voor publiciteit via de regionale en lokale media. Stuur een persbericht over uw nieuwe boek naar de media in uw woonplaats en uw huidige woonplaats. De "local girl makes good"-aanpak is vooral effectief in kleinere gemeenschappen.

9. Maak persberichten op basis van regionale banden, zoals een roman die zich in het gebied afspeelt en actuele gebeurtenissen. Vergeet niet uw alumni nieuwsbrief en eventuele maatschappelijke of professionele organisaties waar u lid van bent te vermelden. Auteurs van non-fictie zouden radio en televisie discussieprogramma's moeten overwegen.

10. Neem deel aan boekenbeurzen en festivals. Meestal werken deze het best als je boek betrekking heeft op het onderwerp van het evenement of een brede aantrekkingskracht heeft.

11. Promoot jeugdliteratuur via scholen en jeugdorganisaties. Schoolbezoeken zijn een uitstekende methode om kinderen te bereiken.

CONCLUSIE.

Een boek maken en promoten, vooral een kinderboek, is een uitdaging. Zelfs als traditionele publicatie moeilijk is, kan zelf uitgeven tot succes leiden. Voordat men aanneemt dat het schrijven van een kinderboek de beste handelwijze is, moet men de huidige markt bestuderen.

Er is een oneindige keuze aan boeken voor kinderen. In tegenstelling tot conventionele boeken voor volwassenen hebben dollar stores en koopjeswinkels een enorm assortiment kinderboeken. Ondanks hun wens dat hun kinderen onderwijs krijgen, geven veel ouders liever een beperkt bedrag uit aan boeken.

Zoals eerder aangegeven is de concurrentie voor kinderboeken groot. Vaak is een bekende auteur of een aantrekkelijk verhaal, vooral voor jonge lezers of volwassenen, de drijvende kracht achter de verkoop van een kinderboek van 15 dollar. Bijgevolg zijn veel uitgevers voorzichtig.

Daarom kiezen veel grote uitgeverijen ervoor met dezelfde auteurs te blijven werken of alleen agenten in te schakelen. Laat dit je echter niet naar beneden halen. Veel uitgeverijen zijn bereid om risico's te nemen met nieuwe auteurs, en misschien ben jij er wel één van.

Veel aspirant-auteurs die gepubliceerd willen worden, geven de voorkeur aan het schrijven van kinderboeken omdat ze denken dat die meer kans hebben om meer geld op te leveren. Ondanks de mogelijkheid van variatie worden auteurs van langere romans en andere boeken vaak meer gecompenseerd. Is dit een feit?

Het is mogelijk om sneller een kinderboek te schrijven; daarom kun je misschien meer schrijven, maar het is cruciaal om te benadrukken dat aan elk boek evenveel tijd en aandacht moet worden besteed. Ook bij het schrijven voor kinderen kunt u misschien meer boeken produceren, maar die moeten worden gepubliceerd voordat u eraan kunt verdienen.

Als je ervoor kiest om een kinderverhaal te publiceren, is het cruciaal om jezelf niet te beperken. Als veel mensen aan kinderliteratuur denken, denken ze meestal meteen aan prentenboeken en kartonboeken.

Naast publicaties voor jongeren zijn er ook boeken voor beginnende lezers, zoals korte-HOOFDSTUK-boeken. Denk hieraan als je probeert je eerste kinderboek te schrijven, want misschien wil je wel experimenteren.

Zoals eerder gezegd is het schrijven en uitgeven van een kinderboek niet per se eenvoudiger, maar dat betekent niet dat het onmogelijk is. In plaats van je te concentreren op hoe eenvoudig het zou zijn om een boek uit te geven of hoeveel geld je zou kunnen verwachten te verdienen, word je aangemoedigd om te schrijven over wat je kent of leuk vindt. Wanneer je gepassioneerd bent over de woorden die je schrijft en het verhaal dat je opbouwt, heb je een veel grotere kans op succes.

Met de komst van print-on-demand software en toepassingen is het produceren en publiceren van een boek nu gemakkelijker geworden. Een kinderboek schrijven is niet zo eenvoudig als je misschien denkt, en een boek gepubliceerd krijgen via de traditionele kanalen is een van de moeilijkste taken in de uitgeverswereld.

Managementvaardigheden voor managers.

1. Tijdmanagement voor managers
2. Werknemerscoaching voor managers
3. Teambuilding voor managers
4. Zelfvertrouwen voor managers
5. Onderhandelingsvaardigheden voor managers
6. Customer Service Vaardigheden voor Managers
7. Assertiviteit voor managers
8. Zakelijke etiquette voor managers
9. Luistervaardigheden voor managers
10. Leiderschapsvaardigheden voor managers
11. Communicatievaardigheden voor managers
12. Presentatievaardigheden voor managers
13. Stressbeheersing voor managers
14. Besluitvorming voor managers
15. Conflictbeheersing voor managers.

Serie: Financiële vrijheid op elke leeftijd.

- Financiële vrijheid bereiken in de 20
- Financiële vrijheid bereiken in de 30
- Financiële Vrijheid bereiken in uw 40er jaren
- Het bereiken van financiële vrijheid in uw 50er jaren
- Het bereiken van financiële vrijheid in uw jaren 60
- Het bereiken van financiële vrijheid in uw 70er jaren en daarna.
- Het bereiken van financiële vrijheid bij kinderen
- Het bereiken van financiële vrijheid bij tieners
- Financiële Vrijheid bereiken bij studenten.
- Financiële oplichting om op te letten bij pensionering.

Serie: Persoonlijke financiën voor jou.
- ➢ Crypto kopen en verkopen voor beginners
- ➢ Waarom beleggen in dividendaandelen zinvol is.

Serie: Rijkdom 2022.

- ➢ Online ondernemen.
- ➢ Uw eigen bedrijf starten
- ➢ Vermogensbeheer
- ➢ Passief inkomen.
- ➢ 12 stappen om een eigen bedrijf te starten.

Serie: Uitstekende klantenservice.
- ➢ Uitstekende klantenservice in de detailhandel
- ➢ Uitstekende klantenservice in fastfood
- ➢ Uitstekende klantenservice in full-service restaurants
- ➢ Uitstekende klantenservice in het onderwijs
- ➢ Uitstekende klantenservice in onroerend goed.
- ➢ Uitstekende klantenservice in een callcenter
- ➢ Uitstekende klantenservice als receptionist
- ➢ Uitstekende klantenservice in een hotel
- ➢ Uitstekende klantenservice in de verkoop.
- ➢ Uitstekende klantenservice, ongeacht de situatie.

- Uitstekende klantenservice bij de tandarts
- Uitstekende klantenservice in een medisch kantoor.

Serie: Snel geld.

- Snel geld in een week
- Snel geld verdienen in een weekend
- Snel geld in een maand
- Snel geld voor studenten.

Serie: Hoe promoten.

- Hoe uw bedrijf te laten floreren tijdens een recessie
- Hoe uw receptenboek promoten
- Hoe uw kinderboek promoten.

Auteur Bio

D.K. Hawkins. D.K. leest graag persoonlijke zakelijke boeken en brengt graag tijd buiten door. Meer boeken zullen komen in deze collectie, dus volg op Amazon voor meer boeken.

Bedankt voor uw aankoop van dit boek.

Ik stel het echt op prijs en waardeer u, mijn uitstekende klant.

God zegene U.

D.K. Hawkins.

www.ingramcontent.com/pod-product-compliance
Lightning Source LLC
Chambersburg PA
CBHW050011230526
45465CB00003BB/1375